やりたいことを仕事にするなら、

派遣社員をやりなさい！

株式会社エヌエフエー 代表取締役
大崎玄長

SOGO HOREI PUBLISHING CO., LTD

はじめに

派遣社員こそ安定した働きかたでこれからの勝ち組である。

この本を通して、私が伝えたいことはこれだけです。


ところが実態を踏まえない議論や報道がその事実を見えなくしています。

その結果、「派遣」という選択肢があることに気づけば、かなりの部分解決してしまう問題が解決しないまま、あなたを、そして社会全体を悩ませています。


派遣社員を非正規雇用という分類に入れてしまうのがそもそも間違いです。

「正社員にならないと人生終わり」「派遣社員はカワイソウ」

そんな色めがねで見ていては、真実に気づきません。


わたしはそんなステレオタイプの議論や報道にずっと違和感を覚えていました。

現実の派遣社員たちは、「カワイソウ」でも「人生終わり」でもありません。むしろ仕事以外に自分の時間も確保しながら、ワークライフバランスを保ちつつ、自分ぴったりな仕事に出会い、イキイキ充実した人生を送っています。

派遣の真実を伝えたい、派遣社員というすばらしい働きかたがあることを伝えることで、一人でも多くの悩んでいる人を救いたい。それがこの本を書いた動機です。

もしもあなたが、就職に、転職に、仕事に、そして働きかたに悩んでいるならば、この本を読んでください。そしてあなたには「派遣社員」という選択肢もあることに気づいてください。

きっと、あなたの悩みのかなりの部分を解決する突破口が見つかるでしょう。

各地の派遣会社の扉をたたいて相談してみてください。

この本が、あなたの悩みが解決するきっかけになれば、うれしく思います。

目次

第2章

夢をかなえられる「派遣」という働きかた

第3章

「実は安定、実は勝ち組」だった派遣社員

第4章

「派遣」で成功して夢をかなえる方法

第5章 派遣のお仕事紹介

装丁／小口翔平＋岩永香穂（tobufune）
本文デザイン／飯富杏奈（Dogs Inc.）
ＤＴＰ・図表制作／横内俊彦
本文イラスト／土屋和泉
編集協力／成田真理
出版プロデュース／城村典子

CHAPTER

1

第1章

自分ぴったり仕事に出会えた派遣たち

EPISODE 1

派遣のレジ打ちからスタートし、取締役にまで昇進

「大崎さん。この3月の株主総会で、菅野さんを取締役にしたよ」

久しぶりに会った石井社長が、私の顔を見るなり、目を細めてそんな話をしてくれました。石井社長が経営するのは、創業80年を超える地元の中堅スーパーです。

菅野健太さん（仮名・30歳）は5年前、私の会社が派遣する派遣社員として、ここで働き始めました。

今だから正直に言いますが、「この子、本当に仕事を続けられるのかな」というのが、彼の第一印象でした。話しかたも立ち居ふるまいも見るからにナヨナヨしていて

「頼りなげな男の子」という風情で、お客さま相手の現場が務まるかどうか、少しだけ不安もありました。

レジ打ちから慣れてもらって、続けてくれれば……。そんな期待をこめて派遣したことを今でもよく覚えています。しかし実際には彼の活躍は目覚ましく、レジ打ちからスタートするや、陳列、配達、呼び込みと次々に仕事を覚えてみずから職域を広げていきました。派遣で働くようになって2年も経つと、店舗での仕事は何でも一通り、一人前にこなせるようになっていたのです。

そんなころ、石井社長から「菅野さんを正社員として採用したい」というお話がありました。菅野さんにもこのままここでの仕事を続けたいという思いがあり、めでたく正社員として入社。業務意欲をさらに高めて、仕入業務にも本格的に取り組むようになり、早朝から市場に出かけてセリにも積極的に参加しました。

その頑張りが認められて、今では取締役。経営陣の一員です。

実はこのスーパーの経営陣は、菅野さんが加わるまでは親族だけで固められていて、後継者がいなかったのです。誠実で信頼できる人材を入れて、会社に新しい風を吹き込みたい。次世代を担う人材を育てたい。それが、石井社長の切なる願いでもありました。菅野さんは、みごとにその期待に応えたというわけです。

かつては「頼りなげな男の子」だった彼も、今は結婚し、間もなく一児の父となる予定だとか。「仕事が楽しくてしかたない」と、私にうれしそうに語ってくれました。経営陣に参画するからにはと、経理を猛勉強中だとも。人生がますます充実している様子なのです。

もしかしたら10数年後、このスーパーが創業100周年を迎えるころには、派遣社員出身の社長が誕生しているかもしれない。

実は私は、密かにそんな期待も抱いています。

今は自信に満ちあふれた表情の菅野取締役に、私はこんなふうに声をかけました。

「重役！　就任おめでとうございます。引き続き弊社をよろしくお願いします。また増員をお考えの際は、ぜひ弊社にご相談ください」

EPISODE 2

派遣で、独立起業の資金づくりを果たす

派遣社員を辞めて数ヶ月後、独立起業を果たして私の会社を訪ねてきた岩谷豊さん(仮名・35歳)は、当社のメンバーの前で、こんなふうに言ってくれました。「あのときはお世話になりました。派遣勤務だったからこそ、お金を貯めながら開業準備ができました」

彼が私の経営する会社に派遣登録に来たときには、すでに独立起業という目標がありました。会社を起こすためには、準備のための十分な時間が欲しい。しかし働いて資金を貯める必要もある。その両方を満たすには、「高時給、残業なし」の派遣社員しかない。それが彼の選択だったのです。

彼は当社の派遣社員として1年勤めました。その間、彼が仕事を選ぶ基準は、どんな職場か、どんな仕事か、ということより、常に「高時給、残業なし」。実にはっきりしていました。販売やテレマーケティング、営業といった職種を経験しましたが、明確な目標があるので、どの仕事にも集中力をもって打ちこんでいました。

実は派遣というスタイルは、独立起業を目指す人にとって理想的な働きかたです。時間とお金、両方をしっかり無理なく確保できるからです。岩谷さん以外にも、私の会社で派遣社員として働き、起業した人が3人います。

今、岩谷さんは、会社経営者として靴修理業の店舗を運営しています。当社に独立起業の挨拶に来てからわずか半年後には、「大崎社長、うちも忙しくなってきましたので、店舗スタッフの派遣をぜひお願いします」とうれしいオーダーが入りました。現在は2店舗目の出店に向けて、着々と準備中とのこと。どんどん事業拡大していってほしいと心より願っています。

EPISODE 3

マネジメントに目覚め、派遣から部長職へ

派遣の仕事をきっかけに、マネジメントに目覚める人もいます。

私の会社で部長を務める出口敏道（仮名・40歳）。

彼は、時給1000円の派遣社員として9年前に当社で仕事を始めました。はじめの職種はアポとりテレマーケティング。仕事ぶりが真面目なのはもちろん、人柄がいいし、目配り、気配りが利く。そんなことから、派遣先でも高い評価を得ていました。

正社員であろうが派遣社員であろうが、職場では頼りになる人はどんどん頼られるし、スキルが高い人はその分、自己裁量ももたされます。出口は単に与えられた仕事をこなすよう求められるだけでなく、正社員や派遣社員ら、異なる雇用形態のメン

バーで構成されるグループのマネジメントを任されるようになりました。

そこでますます力を発揮。グループメンバーからの信望も厚い上、互いにサポートし合い、チームプレイで目標を達成していくグループを創り上げていけるところが、評判になっていました。そこで私が、派遣先との契約満了のタイミングで、すかさず〝ヘッドハンティング〟したというわけです。

今では当社の部長職につき、私の右腕となって活躍してくれています。部長ともなれば、グループマネジメントから二歩も三歩も先に進んで、経営者の視点が日々の仕事に要求されるようになります。彼は、よりスケールアップした仕事に、生き生きと取り組んでくれています。

EPISODE 4

優秀な派遣なら、少ない日数で正社員より稼ぐ

原田房代さん（仮名・51歳）は、かれこれ8年もの間、当社で派遣社員として働いています。仕事の内容は、あるメーカーのショールームでの受付です。

時給は1900円と、当社の中でもなかなか高額。派遣社員の場合、職種ごとに相場となる時給があるにはあるのですが、本人のスキルが高く、人柄が良く、派遣先での評価も高ければ、時給が上がっていきます。

彼女の場合、家庭との両立を考えて週4日勤務と、勤務日数はやや少なめ。それでも月収は30万円を超える月もあり、フルタイムで働く正社員の月給と比べても、まったく引けを取りません。

実はこの8年の間、派遣先企業から「当社の正社員になってほしい」という申し入れが何度もありました。しかし、そのたびに彼女は「このままがいい」と断っているのです。

先方の人事担当者は私にこんなことを言いました。

「当社の人事制度と給与体系の中で、全体のバランスを考えると、中途入社の優秀な彼女に満足いただける給与を提示するのが難しいんですよ」

派遣社員であれば、その人の働きに応じた報酬の提示を、その人のためだけに考慮することができます。

「正社員になると出勤日数が増えるのに収入が下がるのは嫌です。今の仕事や働きかたに満足しているのだから、このまま派遣で働き続けたい」

それが彼女の希望です。ほかの人とのバランスなど気にせず、自分の評価に見合う収入、希望のスタイルに合った勤務日数など、正社員ではかなえられない自分のこだわりに重点を置き、のびのび働きたいという思いを実現しています。

EPISODE 5

夫の会社の倒産、子供をつれて離婚、そこから派遣でリベンジ

夫の経営していた会社が倒産し、離婚。子どもを自分で引き取った小峰咲江さん（仮名・47歳）は、「とにかく何とかしなければ」というギリギリの状態からのスタートでした。それが8年前のことです。

結婚後はどこかに就職したことがなく、家事と育児が中心。就業経験で言えば、15年のブランクがありました。当時はまだ30代とはいえ、やはり長いブランクの後の就職活動はそう簡単には進みません。ただでさえ精神面でも生活面でも辛いのに、子どもはまだ中学生。何とか育て上げるための教育費や生活費を確保しなければならないのは、大きな負担でした。

こうしたいろいろな事情が重なっている場合、一人ぼっちで職を得ようとしても、誰にも相談できずに迷って立ち往生してしまうことが多々あります。そこで彼女は、私の会社に派遣登録をし、自分の希望を伝えながら相談する道を選びました。

派遣先はいくつか替わりましたが、彼女がこの8年間、一貫して選択してきたのがテレフォンマーケッターの仕事です。この職種の場合、あらかじめ決められた時給以外に、業績手当が加算される場合が多いからです。子どもの将来を考えて、自分の力で少しでも多く稼ぎたい。自分で自分にプレッシャーをかけて頑張ってきた様子が、そばで見ていてもよくわかりました。

最初は時給1200円からスタートした彼女も、今では時給1950円までスキルアップしました。「少しでも多く収入を得たい。そのためには努力を惜しまない」という彼女の姿勢が、実を結んだ結果です。こうなれば、しめたもの。一つの職場で契約期間満了になっても、またすぐ次の職場で活躍してもらうことができます。

「あのころは本当に、どうなることかと思いました。毎日が不安でいっぱいで。でもおかげさまで、当時中学生だった子どもも今年社会人になります」

最近になって彼女は、安堵《あんど》の表情でそう話してくれました。

「もう、自分にプレッシャーをかける必要なんてありません。次に職場を移るときには、時給はそれほど高くなくてもいいから、プレッシャーの少ない職場をお願いしたいです」

そういって微笑む彼女。「これから、少しは自分の時間も大事にしたい」のだそうです。

派遣社員の場合は、自分のライフステージに合わせたワークスタイルを選択できるところが便利です。「今はプレッシャーをあえて引き受けてもとにかく稼ぎたい」と思えば、そういう職場や職種を選べますし、「これからは少しペースダウンして、仕事も自分の時間も楽しみたい」と望めば、それもかなえられます。これからの彼女はどんなライフスタイルを築いていくのでしょうか。

EPISODE 6

食えない時代に派遣の仕事、そして芸能界で活躍

長井賢さん（仮名・35歳）は、現在俳優として活躍しています。実は、大手テレビ局のドラマにも、脇役ですが出演しました。「派遣の仕事がなければ、自分は俳優にはなれていなかった」と、今彼はしみじみ語っています。

デビュー前や、デビューしたてのころは、いつ俳優の仕事が入ってくるのかわかりません。入ってくるとしても、いつも突然です。とはいえ、俳優業で食べられるほど、ひっきりなしに仕事があるというわけではもちろんありません。その不安定な状況をどう乗り越えていけばいいのか。

「正直にいうと、時間に縛られる仕事はできません。休みたいときに簡単に休めるこ

とも大切な条件です。もちろん、突然『今日休みます』などと言えば、派遣会社に迷惑がかかることは承知していますが、ある程度許してもらえる環境を選ぶしかありません」

確かに派遣会社としては、突然休まれるとその穴埋めに代わりの人を至急確保しなければならないので、それなりの苦労があります。しかし目標があって、そのためにそのスタイルを強いられるのなら、できるだけ彼の都合を尊重して応援したい。派遣会社の経営者としては、そんな気持ちでいっぱいでした。常に当社から大人数を派遣している倉庫の軽作業などの仕事なら、比較的調整しやすいという事情もありました。

今は彼の〝本業〟である俳優業が少しずつ軌道に乗り、ようやく〝副業〟の派遣の仕事はしなくても済むようになりました。それでも、ともに働いた当社の派遣社員たちと、ときどき懇親会を開いています。お酒の席で、彼がちょっとおどけて、撮影現場で何度も撮り直したような笑い話などを言おうものなら、座は大いに盛り上がります。

ちなみに、彼のほかにも4人が、当社の派遣社員という〝副業〟を卒業し、芸能界デビューを果たしています。活躍を応援したいです。

EPISODE 7

2ヶ月の大型バカンスを毎年海外で

「今年も7月、8月は、お仕事はお休みさせていただくということでお願いします」

と言うのは、大鳥さなえさん（仮名・25歳）。

夏は2ヶ月の大型バカンスを取り、海外で過ごすというのが彼女のスタイルなのです。

私の会社で派遣社員を始めて3年。仕事は物流企業での軽作業&事務。英語が堪能で、ほかにもパソコンや簿記などのスキルをもつ彼女は、時給トップクラスとは言わないまでも、それなりに高給取りです。20代半ばまでの若手派遣社員の中では、相当のやり手と言っていいでしょう。

いつもきれいに日焼けして見るからに健康そうだし、動作もキビキビしている彼女は、職場でも信頼されています。こういう派遣社員は、派遣先もそう簡単には手放してくれません。6月末に契約期間満了になると、心得たもので「じゃあ、また9月からお願いします」と、笑顔で彼女を送り出してくれます。

日本企業の場合、正社員や契約社員など企業に直接雇用されている身分では、毎年のように2ヶ月もの休暇を取るなどということは、なかなか難しいのが現状です。しかし派遣社員なら、それも可能です。彼女はそうしたしくみをうまく利用して、しっかりと超長期休暇を確保。海外で英語力のブラッシュアップを図り、やりたいことをして過ごしています。

何に重点を置いて、自分のワークスタイルをデザインしていくのか。その点では、派遣という働きかたを活用している人たちの中でも、彼女はとびきりの上級者だと思います。

「若いうちだからこそ、今しかできないことを楽しみたい」

それが彼女の信条です。きっと、30代、40代と歳を重ね、ライフステージが変化していけば、また別のワークスタイルを新しくデザインしていくことと思います。

私たちも派遣先も、彼女のスキルや働きぶりを頼りにしていますし、彼女もまた、自分のやりたいことを自由にのびのびと実現するために、私たちや派遣先を頼りにしてくれていると感じています。こうしたイーブンの関係が築けることもまた、派遣で仕事をする一つの楽しみではないでしょうか。

EPISODE 8

「契約更新」を勝ち取ることが、自分へのご褒美

里中良子さん（仮名・33歳）は、期間の定めのある派遣社員という働きかたを、自分のステップアップの目標に上手に活用しています。契約更新の時期になると、「やったぁ！　また契約更新を勝ち取りましたよ。今度は1年契約です」などとうれしそうに報告してくれるのです。

派遣の仕事のしくみについては第2章でくわしく説明しますが、派遣の仕事の場合、派遣先の都合で、3ヶ月、6ヶ月、1年といった契約期間が過ぎてしまうとその仕事自体が終了し、それまでその仕事についていた人材も必要なくなるというケースもあります。一方で、その仕事は終了しても、優秀な人材であれば他の仕事で新規に契約

をしてまで、引き続きその人に担当してほしいと考えている職場も数多くあるのです。

契約期間満了となったらまた次の職場に行き、違う環境で仕事をすることはもちろん可能ですが、里中さんの場合は、一つの職場に入ると、そこで自分がどれだけ必要な存在になれるかを毎回確認することが、自分への挑戦になっているのです。


彼女が最初に事務職の派遣社員として登録に来たのが4年前。その当時は時給1100円からのスタートでした。現在の派遣先が彼女にとっては4社目。時給も順調に上がり、今では1500円になっています。

彼女の場合、ステップアップが一番の目標なので、残業が増えても嫌な顔ひとつしません。むしろ、派遣先に認められ、信頼度が高まっていくことを素直に喜びます。そして、経験を重ね、スキルを磨けることでさらにモチベーションを高めています。それがきちんと成果にも現れ、残業代を含めて月収が30万円を超える月も多くなっています。

「今の派遣先は、今までで最も長く働きたい職場です。これまで以上に自分が必要とされるように、引き続き頑張ります」

彼女にとっては、自分が認められ、契約更新を望まれることが、頑張った自分へのご褒美なのです。また1年後に、自分へのご褒美を勝ち取れるように、里中さんは今日も仕事に打ち込んでいます。

EPISODE 9

新婚家庭と仕事を両立、今度はワーキングマザーに

海老沢康子さん（仮名・28歳）の場合、1年半前に私の会社に派遣登録に来たときには、新婚ホヤホヤでした。夫の職場の近くで新居を構え、このまま専業主婦になっ

てもいいかなぁ……などと思っていたところで、当社の求人に出会いました。

通勤と言っても、自宅からは徒歩わずか2分。残業もゼロ。検査職なら多少の経験もあるので、家に帰ったら疲れて何もできないなんてこともなさそう。まだ慣れない新婚生活ともきっと両立できると考えて、応募してきたのです。

やると決まれば、何でも一生懸命の彼女。当初は3ヶ月ごとの契約更新で様子を見ようと話し合っていたのですが、派遣先でもとても頼りにされるようになりました。更新に次ぐ更新で、同じ派遣先で1年も働いたころ、彼女から思いがけない言葉が飛び出しました。

「今度の契約更新は、なしでお願いしたいのですが……」

彼女はおめでただったのです。

派遣先に事情を話すと、「産前産後休暇、育児休暇の後、復帰したらぜひ戻ってきてほしい」と快く受けいれてくれました。そこで元の職場に復帰する約束で、現在、彼女は産休中です。

もともとが通勤時間2分、残業ゼロの職場ですから、復帰も比較的スムーズかと私たちも楽しみにしています。もちろん、子育てと仕事との両立で彼女が何か悩むようなら、全力で応援し、継続して仕事を続けられるようにサポートしていく体制をしっかり整えていきます。

EPISODE 10

親の介護をする日々、週3日勤務はリフレッシュの時間

藤川絵里さん（仮名・25歳）には、週5日勤務ができない事情がありました。家族と当番制で親の介護をしなければならず、どうしても平日のうち2日は丸々オフにしなければならなかったのです。

派遣社員として働き始めて3年、人柄も良く、仕事にもそつがない彼女は、派遣先からもっと働いてほしいと望まれていました。私も「出勤日数を増やしたら？　せっかく頑張っているのにもったいないよ」と提案したのですが、彼女から返ってきた言葉は、「親の介護のことがありますから、今の週3日勤務がちょうどいいのです」でした。

仕事はしたい、でも家族のために相当の時間を割かなければならない。こうした事情をかかえる人にとっては、新しい就職先を探すのがとても難しいのです。最初からあれこれと条件を並べ立てていては、まとまる話もまとまらなくなってしまうのは、無理のないことです。その点、派遣であれば、いくらでも必要とされる条件を並べてもらっても、それらを満たすちょうどいい仕事を探す方法があります。

「今の職場では、同世代の友人もできて、仕事がとても楽しい」。藤川さんはそう言います。彼女の生活の中では、仕事の時間はけっしてただ生活費を稼ぐ時間ではなく、自分らしさと向き合い、リフレッシュできる時間になっているようです。

EPISODE 11

ニートを脱却、社会人として人生を再スタート

村田武彦さん（仮名・33歳）が1年前、初めて私の会社に派遣登録に来たときは、驚きと同時に、少々途方に暮れました。

彼は18歳で大学受験に失敗。その挫折感がきっかけで家の外に出られなくなってしまい、アルバイトの経験もないまま15年間を過ごしてしまったというのです。私は彼にこうたずねました。「君、本当に家にいただけ？　何にもしていなかったの？」

そうです。彼は、正真正銘のニートでした。

「でも、このままじゃいけないと思ったんです。何か仕事をさせてください」。彼はそのとき、私の目をまっすぐに見てこう言いました。

別に仕事の経験がないからといって、派遣の仕事ができないわけではありません。未経験から覚えていける仕事だって、実はたくさんあります。ただ、ずっと家にいた場合、長い間、家族以外の人と接した経験がないまま過ごしてきたという点が課題でした。

一見、ただ黙々と時間から時間を働いているような職場でも、仕事をする以上は何かしらのコミュニケーションは必要です。彼にそれができるのか。私の懸念はそこでした。しかし、彼が自分から「このままじゃいけない」と一念発起したその心意気に打たれて、どうにか協力したいという気持ちになりました。

私が彼に最初に提案した仕事は、倉庫の軽作業。時給は1000円。けっして高くありません。「この仕事、やってみるか」と問いかけると、「はい、やります」としっかりした返事がありました。

そこから、彼の初めての職業人生がスタートしたのです。最初は彼を派遣している私たちにも、「本当に続くだろうか」という不安がありましたが、彼は頑張りました。真夏の炎天下の日も、どしゃぶりの雨の日も、冷たい風が吹く冬の日も、毎日自転車で通勤。軽作業といってもときには力が必要なこともあります。最初は身体もきつかったことでしょうが、もともと身体が大きくて丈夫だった彼を、派遣先も頼りにしてくれたようです。

それから半年後。ようやく働く自信をつけた彼から、こんな相談がありました。

「正社員として、一つの職場でじっくり働きたいんです」

人生は山あり、谷あり、いろいろなことにぶつかります。彼はたまたま大学受験での挫折がきっかけでニートになってしまいましたが、彼だけでなく、いろいろなきっかけで職業人生が始められなかった、あるいはブランクを作ってしまったという人はたくさんいます。そういう人たちが、どうやって再スタートを切ればいいのか。大きな悩みだと思います。しかし、そこを乗り越えないことには、何も始まりません。

とにかく仕事を始めたい。そして自分が変わっていきたい。その思いさえあれば、自分の道を切り拓《ひら》くきっかけになるのが派遣の仕事なのです。

村田さんに、月給はいくらからならスタートできるかを聞くと、「まだ実家暮らしなので15万円からで大丈夫です」と、迷いのない潔い返事がありました。「でも頑張っていると評価していただけたら、昇給していただきたい」とも。

そこまでの決意なら、と安心して就職先を紹介し、彼は今、正社員として頑張っています。なお正社員で月給15万円だと東京都の最低賃金を下回る場合があるので、彼の初任給はもう少し高めに設定されました。

CHAPTER
2

第2章

夢をかなえられる「派遣」という働きかた

会社本位ではなく、仕事本位で働ける

「こんな仕事がしたい」がかなう働きかた

派遣で働くことは、実はメリットがたくさんあります。その中でも、一番に挙げられるのが、会社本位ではなく、**仕事本位で働ける**という点ではないかと思います。

正社員や契約社員で働くということは、一つの会社に雇用されるということです。そこには必ず上司がいて、業務についての指示・命令はその人から出されます。「自分はこんな仕事がしたい」と言ったところで、その希望が通るとは限りません。あくまでも指示・命令を受けた業務に取り組むことを求められます。

その点、派遣の仕事は、数ある仕事の中から**「自分はこんな仕事がしたい」**という選択ができます。

もちろん、経験もスキルもないのに、いきなり自分のしたい仕事を自由に選べるわけではありません。しかし、派遣会社に登録に行くと、**どんな仕事を、どのような条件でしたいのか**という希望を出すことができます。その上で派遣会社とよく話し合って、これからのキャリアプランを含めた相談をしながら仕事を選べるのが大きなメリットです。未経験からだんだんにスキルアップしていける仕事も、もちろんあります。

登録型の派遣の場合、あらかじめどの会社で何の仕事につくのか、さらにいつまで働くかという期間を契約で決めて、期間中は異動や業務変更などはありません。自分が納得して選んだ仕事を、それだけに専念して続けていくことができます。

要は、会社に就職するといった場合、極端なことを言えば「自分が所属する会社を選ぶ」という感覚ですが、派遣の仕事の場合は、あくまでも**「自分が取り組みたい仕事を選ぶ」**という感覚なのです。

「会社」基準で選ぶから続かない

派遣会社の経営を通して世の中を見ていると、この「自分が取り組みたい仕事を選ぶ」ということにこだわっている人が、案外少ないのではないかという印象を受けます。それよりも**「自分が所属する会社を選ぶ」「世間体がいい会社に就職する」ということにプライオリティー**をおき、その結果、就職した会社を短期間で辞めてしまっている人が多いのではないでしょうか。

あなたは、「七五三現象」という言葉をご存知ですか。新卒で就職する人たちが、入社3年以内に辞めてしまう確率が高いことを表した言葉です。中学を卒業して就職した人の7割、高校を卒業して就職した人の5割、大学を卒業して就職した人の3割が、入社3年以内にせっかく入った会社を辞めてしまうのです。だから「七五三現象」というわけです。

新卒入社の場合、多くの人が「何の仕事につくか」ではなく、「どの会社に入るか」で就職先を選びます。入社する時点では、自分がどんな仕事をしたいのか、どんな仕事に向いているのかがわからないという人もたくさんいます。

「いやいや、そんなことはないですよ。私は会社ではなく、仕事を選んで就職先を決めました」という人もいないことはありませんが、よく話を聞いてみると、自分はこの会社でこういう仕事をしたいというイメージはもっているものの、そのイメージのために**自分を会社に合わせている**というケースが多いのです。だから何年か経つと「こういう仕事をしたかったわけじゃない」「この仕事は自分には合わない」ということが起きてくるのではないでしょうか。

いろいろな仕事を経験することができる

派遣の場合、まずは仕事を選んで、その仕事についてみることができます。それが自分に合わないとか、イメージしていたものとは違っていたということになれば、そこからの**軌道修正がいくらでもできる**のです。「会社本位ではなく、仕事本位」というのは、この軌道修正の可能性も含めて、仕事を選べるということです。

「何らかの仕事の経験があって、その経験を活かしてこんな仕事をしたい」という明確な希望をもっている人は、派遣会社としてはもちろん大歓迎です。しかし、**「自分は何がしたいかわからない。何ができるかわからない」**と悩んでいる人に、ぜひとも派遣会社を利用してほしいと思うのです。経験がなくてもできる仕事から、まず始めてみる。実はその仕事のことを知らなかっただけで、**「実際にやってみたら自分にすごく向いていて楽しかった」**という人を、私はたくさん見てきました。

自分の知らなかった仕事に出会える！

中には、自分自身がこだわっていた仕事をやってみたのに向いていなくて、私たち派遣会社から「それならこういう仕事はどう？　やってみたら？」と別の仕事を提案されて、それほど気乗りもしないまま始めるというケースもあります。ところが、実際に仕事がスタートすると、本人は楽しいし、成果も上がり、派遣先からも評価され、最終的に自分でその分野の会社を起こしてしまったというエピソードもあります。

今この本を読んでいるあなたが、もし仕事についているなら、毎日、**自分自身のイメージに合った仕事ができているのか**を、ぜひ問い直してほしいと思います。もし現在、仕事を探しているのなら、自分自身が何をしたいかという明確なイメージをもっているのかを考えてみてください。そこで「あれ？　何か違う。全然イメージ通りじゃない」とか、「仕事を探していたはずなのに、自分の仕事を全然イメージできていなかった」と思うのなら、派遣の仕事がきっとあなたの仕事の悩みを打ち砕く突破口になってくれるはずです。

POINT

- **派遣は「会社」本位ではなく、「仕事」本位の働きかた。**
- **派遣は、自分と仕事が合わないと思えばすぐ軌道修正できる。**
- **派遣は、知らない仕事もたくさん紹介してもらえる。**

正社員なみ、あるいはそれ以上の収入を得ることもできる!

現実にもいる、スーパー派遣社員!

少し前のことになりますが、２００７年1月~3月に日本テレビ系で放送されたドラマ『ハケンの品格』をご存知でしょうか。

女優の篠原涼子さん演じる〝スーパー派遣〟大前春子が主人公。

彼女が東京・丸の内の食品会社に、時給３０００円で事務職として派遣されてくるところから物語が始まります。ドラマの中では、彼女は実に20個以上の資格をもち、仕事はスピーディーで的確、そのスキルの高さから派遣会社では特Aランクに位置づけられています。

この春子さん、残業と休日出勤はせず、朝9時から夕方6時まで、昼休みの1時間をはさんだ8時間が1日の実働時間。1ヶ月の勤務日数を仮に22日とすると、3000円×8時間×22日＝52万8000円が、彼女の月収というわけです。

いかがですか。堂々の高給取りですよね。余談ですが、ドラマの中盤で、彼女の時給はさらにアップし、3500円になりました。

これはテレビドラマに出てくる架空の話だとしても、実際にITエンジニアや機械設計エンジニアなどの技術をもった人たちの中には、時給4000〜5000円、年収1000万円という派遣社員たちもいるのです。

要は、**企業のニーズに合致する高いスキルをもっていればいるほど、夢のような高収入も当たり前**に望めるのが派遣社員の世界です。

働いた分はきっちりお金になる

派遣社員は、賞与や通勤交通費の支給がない、時給による支払いなので病気で欠勤するとその分月収が減るなどの理由から、あまり稼げないというイメージをもたれがちです。しかし現実は、**派遣社員の収入はその人次第**。つまり、ピンからキリまであります。

派遣社員の時給の相場は、都道府県によってもばらつきがありますし、職種によっても異なりますが、東京都の場合は未経験でも時給1000円からスタートできる仕事が数多くあります。そこで時給1000円で月収を計算すると、1000円×8時間×22日＝17万6000円。

まあまあといったところでしょうか。

一方で第1章でもご紹介した通り、当社には時給1500円で、残業にも積極的に取り組み、月収30万円以上を実現している派遣社員もいるので、その人次第で正社員に比べていかに高収入を実現できるかがおわかりいただけるかと思います。

先に述べたとおり、派遣社員の給与は時給で支払われるので、病欠などで勤務日数が減ればそれだけ月収にも響きますが、一方で、残業をすればその分がすべて時給換算で上乗せされるのです。多くの職場で問題になっているサービス残業も派遣社員にはありません。

自分が納得して働いた分は、きっちり時給になって跳ね返ってくる。そう考えれば派遣社員の場合、せっかく残業してもお金にはならない、残業といってもいったい何時に帰れるのかわからない、といったストレスを溜める必要がないだけ、モチベーションを高めて働けるというものです。

本書では、第5章で職種別の時給の目安をご紹介しています。それをご覧いただければ、派遣社員がどんな仕事でどれくらいの収入を得られるのか、おわかりいただけるかと思います。

高収入やボーナスも夢じゃない

もちろん、第1章でご紹介したショールームで働く原田房代さんのように、1900円という高い時給を勝ち取ることもけっして夢ではありません。自分でスキルを磨き、派遣先から評価されれば、時給は少しずつ上がっていきます。

さらには、やはり第1章でご紹介した小峰咲江さんと同様に、時給とは別途に業績手当を支給される仕事を選べば、自分が頑張って成果を上げた分がきっちり収入に反映されます。いつか派遣先にとって**なくてはならない存在**になったときには、正社員として働くよりもはるかに高い収入も望めます。当社では実際に、月収40万円以上という派遣社員もいます。

また、先ほど派遣社員には賞与が支給されないというお話をしましたが、それはあくまでも基本。派遣先によっては、仕事ぶりを評価して賞与を支給するところもあります。

いかがですか。ずいぶん夢が広がったのではないでしょうか。

派遣の仕事は、会社本位ではなく、あくまでも仕事本位です。ですから報酬に関しても、常識の範囲というのはあるものの、ある意味では**会社の給与体系や人事制度に縛られず、あなたの仕事そのものを見た上で金額を決められる**とも言えます。要はあなたのスキル次第。もしあなたが高収入を目指したいなら、派遣社員としてどんどん力を発揮して、あなたの市場価値を高めていきましょう。派遣会社に相談すれば、しっかりサポートしてくれますよ。

POINT

- **派遣の収入は、働く本人のスキルや望むもので大きく異なる。**
- **高く評価されると、高収入のスーパー派遣も目指せる。**
- **派遣社員にも、業績手当やボーナスが支給されることがある。**

何歳でどんな状態からでも、自分の天職に出会える

一人で悩まなくてもいい

これまで就業経験がない、就業経験があっても経験が浅く、アピールできるスキルがない、自分の都合や家族の都合などで一時仕事を辞めていて、履歴書を書いてみるとまとまった期間、ブランクが目立ってしまう……。

こういった事情があると、仕事をしたいと思ってもなかなか受け入れてくれる就職先を見つけるのは難しいかと思います。運よく自分に合った就職先に出会えるとして

も、それまでに多くの時間と労力をかけて就職活動をしなければなりません。

その点を解決したいなら、派遣の仕事です。派遣会社に登録に行けば、一人ひとりの事情を聞き、さらに**その人の希望、たとえば勤務地、勤務時間、勤務先の規模や雰囲気、仕事の内容、収入などについてどんな希望があるのかを確認した上で、ぴったり合う仕事を探してくれます**。一人ぼっちの就職活動であれば複数の会社にそれぞれアプローチをしなければなりませんが、派遣会社に登録すれば、そんな手間はかかりません。望めばすぐに仕事につけるという強みもあります。

何歳からでも働くことができる

また、20代に比べて、30代、40代と年齢が上がるにつれ、仕事を見つけにくくなるのが現状です。私の会社にも、「年齢的に仕事を見つけるのが難しくて……」と言って登録に来る人が数多くいます。しかし、派遣会社であれば、**どの年齢であってもその人にぴったり合った仕事を見つけてくることができます**。

中には勤めていた会社を定年退職し、「年金をもらっているから収入にはこだわらない。ずっと仕事をしてきたのに、いきなり毎日暇になってしまって生きがいがないから、ぜひ何か仕事をしたい」と言って、当社に来てくれる60代の人もいます。そういう人にもきちんと仕事を提案できるのは、派遣会社ならではです。

実際に当社の派遣社員は、10代から60代まで幅広い年齢層にわたっています。仕事をスタートした年齢も、人それぞれ、バラバラです。**何歳からでもスタートできる**。それが派遣の仕事のいいところです。

会社が人を採用するときは、どんな部署で、どのような仕事につく人がほしいという目的があります。その目的に合致しない人を雇うわけにはいきません。ところが派遣会社の場合は、様々な会社から様々な仕事のオファーが集まってきます。だからいろいろな年齢のいろいろな経験をもつ人、あるいはもたない人に、それぞれぴったり合った仕事を提供できるというわけです。

自分の能力を思い込みで決めない

派遣会社にとって、**派遣社員は財産**です。派遣社員がいなければ、ビジネスそのものが成り立ちません。ですから、働きたいという気持ちさえある人なら、基本的には採用しようと考えています。

また、採用したからには、できるだけ長く当社で働いてほしいという思いもあります。ですから、その人が仕事を長く続けられるように、あらゆる面でぴったり合う仕事を全力で探そうとします。仕事を求めて登録に来た人に、仕事の内容だけでなく、それ以外の希望をあれこれと聞くのはそのためです。こうした派遣会社の体制を活用しない手はありません。

第1章でもご紹介したように、ニートで就業経験がまったくない人でも、できる仕事があります。「私はもう○歳だから、採用してくれる会社なんかない」などと言う人がいますが、50歳を過ぎても、マイペースで高収入を維持している原田さんのような人だって当社にはちゃんといます。**自分で勝手に決めつけてしまわないで、「仕事**

をしたい」という思いをきちんと派遣会社にぶつけてほしいと思います。

もしあなたが、仕事探しで苦労したり、壁にぶつかったりしているのなら、まず派遣会社に相談することをおすすめします。一人きりで考えていても、想像以上にすばらしい結論など、なかなか出るものではありません。派遣会社は、**人と仕事をマッチングさせるプロフェッショナル**です。派遣会社に相談し、どう考えれば自分にぴったりの仕事に出会えるのかを、一緒に考えてもらうのが有効な解決法です。私たちはいつでも、どんな人にも、天職に出会ってほしいという強い思いをもっているのですから。

POINT

- **派遣は何歳からでも働ける。**
- **派遣は効率よく仕事を探して働ける。**
- **思い込みで自分の能力を決める前に、派遣会社に相談に行こう。**

仕事中はバリバリ働き、終われば自分の時間。メリハリをつけて働ける

まとまった自由時間が手に入る

派遣の仕事には、期間の定めがあります。最初に契約によって、いつまでの仕事かを決めているのです。たいていは2ヶ月あるいは3ヶ月単位です。契約期間満了になっても、派遣先企業と派遣社員、双方の合意があれば契約を更新して仕事を続けていくことができます。

しかし一方で、こうした派遣のスタイルを活用して、**自分のライフスタイルをつく**

っていくという手があります。

たとえば、第1章でご紹介した大鳥さんの場合は、1年のうち10ヶ月は精いっぱい働き、2ヶ月という長いバカンスを取るというスタイルでした。つまり、仕事をする期間と仕事以外のことをする期間とを自分ではっきりと決めて、仕事をする期間に十分に稼いでおくというスタイルを選べるのも、派遣の醍醐味です。

正社員や契約社員のように、1社に直接雇用されている状態だと、このようなスタイルを取ることはなかなかできません。休暇届けを出してそれが通ってもせいぜい1週間、リフレッシュ休暇のような特別な場合でも何年かに一度2週間ぐらい取るのが限界ではないでしょうか。

1年のうち、まとまった期間を海外で過ごしたいなど、**仕事以外にも何か集中してやりたいことがある人**にとって、うってつけの働きかたが派遣なのです。

数ヶ月間、日本を飛び立って海外に行き、自由に生活するのもいいでしょう。あるいは、資格取得のために集中的にスクールに通い、勉強に専念することもできます。絵画や工芸、手芸など、趣味に没頭し、一つの作品を完成させることもできるでしょう。ボランティア活動をはじめ、仕事以外に社会とつながるための行動を起こすことだって、数ヶ月の時間があればできます。

仕事だけで人生を終わりたくない。自分自身が本当にやりたいと思っていることで、人生を充実させたい。この思いを満たすには、どうしてもまとまった時間が必要です。派遣で働くことは、そのほかのどんな働きかたよりも、**自分の自由になるまとまった時間が作れる**と言ってもいいかと思います。

短期集中の働きかたもできる

ただし、数ヶ月もの間、安心してやりたいことに没頭するには、生活の不安があってはいけません。ですから、いったん仕事をすると決めたら、その間はバリバリ働いて、十分な収入を確保することはとても大切です。一定の期間にできるだけ稼げるように、派遣会社に相談するといいでしょう。あなたのスキルを活かして、できるだけ高い時給で働ける仕事を探すこともできますし、さらに意欲があるなら、あなたの頑張り次第で業績手当が別途支給される仕事を選ぶこともできます。

はっきりさせておかなければならないのは、あなた自身が、**いつからいつまで働きたいのか**ということ。長期の休暇を終えたら、速やかに仕事に復帰したいのであれば、次はまたいつから仕事をスタートできるのかも、派遣会社にきちんと言っておくことです。そうすれば、あなたが仕事を始めたい時期に合わせて、次の仕事をもってきてくれるはずです。休みはしっかり取り、ブランクをつくらずに効率よく次の仕事を始めるために、派遣会社は味方になってくれます。

やりたいこと中心の仕事選びができる

1社に就職するとなると、毎年まとまった期間の休みを取る人は、会社にとっては扱いにくい人ということになってしまいます。その間、その人の仕事なりポジションについて、周りの人が穴埋めをしなければならないということになるからです。

しかし、派遣会社にとっては、休みの期間がどれだけまとまっていても、それ以外の約束した期間にしっかり働いてくれるなら、むしろ信頼できる人ということになります。

目的がはっきりしていて、契約期間は誰よりも集中的に仕事に取り組んでくれるなら、ありがたい存在です。長期休暇を取っていても、評価は下がるどころか反対に上がっていって、時給アップも十分望めるのがうれしいところです。

もしもあなたが今、**仕事に縛られて、自分が不自由だと感じているなら、思い切ってライフスタイルそのものを見直してみませんか**。自分の限りある人生の中で、本当にやりたいことは何か。どうすればそれが実現できるのか。そして、それを中心に仕事のスケジュールを立てていくことも、派遣の仕事であれば十分可能です。あなたの実り多き人生のために、派遣の仕事をぜひ役立ててください。

POINT

- 派遣は仕事とプライベートの線引きが明確。
- 派遣では、目的・期間をはっきりさせて働くことが大切。
- 派遣はやりたいこと中心に仕事選びができる。

働きながら、自分が本当に進みたい道を選べる

夢の第一歩を踏み出せる

いつかは芸能界でデビューしたい。ダンスの舞台に立ちたい。漫画や小説で身を立てたい。音楽や美術など芸術の世界でプロとして生きていきたい。さまざまな夢をもって私の会社を訪れる若い人たちも、少なからずいます。そういう人たちにとっても、派遣という働きかたは心強い味方です。

まず、夢を実現するには、準備がいります。オーディションを受けたり、コンクー

ルに応募するなど、プロの仲間入りをするきっかけをつかむ必要がありますが、そこに至るまでに、練習や訓練を積んだり、コツコツと創作を重ねたりしなければなりません。

しかし一方で、**生活の手段**というのもまた必要です。大きな夢をつかむために、しっかり食いつないでいかなければなりません。

そういうときでも、派遣の仕事であれば続けていくことができます。まず、**定時きっかりに仕事を終えることができる**ので、その後の時間を有効に使えます。そうたびたび簡単に休まれては困りますが、たとえば急なオーディションなどが入れば、派遣会社は休めるように協力してくれます。

不安定ではなく、身軽な働きかた

いざ、自分の夢がかない、そちらの仕事が忙しくなったとき、派遣の仕事は辞めやすいというメリットもあります。この辞めやすいというところが、「派遣＝不安定」

という間違ったイメージにつながっているのかもしれませんが、実際にどの仕事にも期間の定めがあり、**期間満了になれば誰にも迷惑をかけずに辞められる**というのは、ほかの仕事を夢見て頑張っている人たちにとっては好都合に違いありません。

パートやアルバイトを掛けもちするという手もあるのかもしれませんが、どんな形にせよ直接自分がその職場に雇われるということは、一つひとつの仕事の責任を、ある意味自分一人だけで引き受けなければなりません。仕事に穴を空けてしまえば、当然あなたの責任が問われます。

その点、派遣の仕事であれば、派遣会社にあらかじめ自分の状況を説明しておいたら、何か事が起こったとき、あなたの事情をある程度汲み取り、相談にも乗ってくれるでしょう。そして何より、パートやアルバイトに比べて、派遣社員の給与相場のほうがかなり高いので、1ヶ月に20日も仕事をすれば、それなりに余裕のある生活が成り立ちます。仕事の掛けもちなどしなくても、あなたの都合に合わせた仕事一本で、暮らしていくことができます。

仕事は生活のメインでなくてもいい

この章のはじめに、「派遣の仕事は、会社本位ではなく仕事本位である」とお話ししましたが、実は仕事本位であるからといって、必ずしもその**仕事があなたの生活の最優先でなくてもいい**という自由な側面もあるのです。

第4章でもくわしく述べますが、もし自分のやりたい仕事があり、それができる環境が見つかっているなら、その職場で正社員や契約社員になり、ずっとその仕事を担当するのがきっとその人には向いていると私も思います。しかし、今の仕事とは別にやりたいことがあり、いずれはそちらを本業にしたいと思っているなら、あなたのそういう思いを堂々と説明し、**副業として派遣の仕事につく**ということも許されるのです。

もちろん、どんな仕事も人間と人間の関わりによって動いていくものなので、副業だからといい加減な働きかたをしたり、約束を守らないなど、不誠実な態度では誰も味方になってくれません。気持ちよく仕事を続けることもできなくなるでしょう。しかし、副業なら副業として、約束の時間、あるいは約束の期間、求められたことを誠実にこなせば、それはきちんと評価されるのが派遣の仕事です。

夢を追い続けることはすばらしいことです。私や、私の会社のメンバーたちも、夢を追い続けるために生活の糧を求めて当社にやってくる人たちを、心から応援しています。地に足をつけてしっかり準備をし、いつかは自分の夢見た世界で大きな成功を勝ち取ってほしいと心から願っています。

そういう人たちにこそ、派遣のしくみをもっと活用してほしいと考えています。本業で身を立てられるようになるまで、あなたの生活がしっかり立ち行くような副業を、派遣会社でぜひ見つけてください。

POINT

- **派遣は、夢を追いかけるときの生活の手段になる。**
- **派遣は不安定ではなく身軽な働きかたである。**
- **派遣は副業としても適している。**

親の介護や育児をしながら、できる仕事を選べる

自分の望むシフトで働ける

　現在、多くの会社で介護休業、育児休業などの制度が導入されていますが、制度があるからといって、職場によっては休みを取りづらい雰囲気だったり、いろいろ不自由なことがあるようです。また介護休業や育児休業の期間中は無給であることも多く、働いて収入を得ながら親の介護や育児をしていきたい人にとっては、必ずしもこの制度が問題の解決策にはなりません。

少子高齢化が急ピッチで進み、親の介護をしながら、あるいは育児をしながら仕事を続けていくことは、もはや個人レベルの問題ではなく、社会的な課題になっています。ですから、そうした人たちをバックアップする制度を整備する必要があるのはどんな職場でも同じはずなのですが、やはり介護や育児で仕事を続けられなくなるという話もよく耳に入ってきます。

こうした問題を解決するにも、やはり派遣は有効です。まず、1日7時間あるいは8時間といったフルタイムの就業が無理でも、**短時間だけ働くという選択**ができます。また、週5日ではなく、週3日、週4日といった変則的な勤務もできます。

何より、派遣の仕事の場合は、あらかじめ勤務時間や勤務日数を約束し、派遣社員を受け入れる職場側も同意した上で仕事をスタートするわけですから、フルタイムの勤務ではないからといって、一緒に働く人たちに必要以上の遠慮や気兼ねをする必要がありません。**決められたペースできちんと仕事をしていれば、誰にも負担や迷惑をかけることがない**のです。その点では、働く人たちに勇気を与えてくれていると思います。

ワークライフバランスはまだまだ定着していない

日本の会社の多くは従来、終身雇用、年功序列を基本に成り立っていました。これはつまり、一つの場所で継続して、長く働き続けることが前提だったということです。ライフステージの変化により、途中でペースダウンをしたり、ブランクをつくること自体、職場での評価を下げる原因になっていました。

今はさすがに、世の中の主流となる考えかたがワークライフバランスを重視することだったり、ライフステージの変化に合わせて働きかたを変えていく人を尊重することになっていますが、もともとあった会社のしくみを根底から変革していくというのはとても難しいものです。だから**介護や育児をサポートしてくれる制度ができても、十分に機能していない**という状況がいまだに残っているのではないでしょうか。

介護や育児に「待った」はありません。どうしても、家族の誰かがその人の介護や育児を必要としていて、ほかの人に代わってもらうことができないこともあります。たとえ一人で全部を背負う必要がなかったとしても、夫婦なり兄弟姉妹なりと協力し、分担し、自分の時間と労力とをそこに注がなければならないでしょう。それはとても大変なことです。

ペースダウンしてもキャリアを保てるのが派遣

しかし、大変だからといってその間働くのを辞めてしまうと、また就業経験にブランクができてしまう。次に仕事に復帰するとき、仕事が決まりにくいとか、自分に自信がもてずに悩むとか、いろいろな問題に直面することになります。

家族の問題は家族の問題として、もし自分自身は何があっても仕事を続けたいという思いがあるのなら、ペースダウンをしても仕事を続けていくべきです。単純に、介護や育児に手が取られる期間を何とか乗り切るということだけでなく、将来のことを考え、あなたの**キャリアを途切れさせない**という意味でも、仕事を続けていく意義は大きいと思います。そして、あなたのペースに合った働きかたを見つけるためにも、派遣会社を活用してほしいと思います。

たとえペースダウンしたとしても、ずっと同じペースで仕事を続けていくことが精神的にも体力的にも厳しいようであれば、3ヶ月働き、1ヶ月休み、また3ヶ月働くというような変則的な働きかたを選択する方法もあります。どうしたら自分が無理をせず、仕事を続けていけるのか。それを模索し、自分なりのペースをつくっていくために、派遣の仕事を通していろいろ試してみてほしいと思います。

POINT

- **今は、自分の人生プランに合わせて働く時代。**
- **派遣は、ライフイベントに対応した柔軟な働きかたができる。**
- **派遣は、短時間しか働けなくてもキャリアを積むことができる。**

派遣からスタートして正社員として働く道もある

あなたを待っている運命の職場・仕事

どんな職場や仕事も、実際に自分でやってみなければ、向いているのかどうか本当のところはわかりません。自分に向いた職場や仕事を見つけるためにも、派遣の仕事を始めてみることをおすすめしています。向いていないと思えば、契約期間が終わったところで、どんなところが向いていなかったか、次はどんな職場や仕事を試してみたいか、などの希望を派遣会社に伝えることができます。

そうした中で、自分にぴったりな職場や仕事と、運命の出会いをしてしまう人もいます。派遣先からは「こんな人材がほしかった」と思われ、自分自身も「この職場、この仕事なら、ずっと続けたい」と思う場合です。必ずしも全員ということではありませんが、**派遣先と派遣社員、双方がお互いを気に入り、正社員登用が実現する**ということもあります。第1章でご紹介した菅野さんの場合は、まさにそういう例です。派遣先企業の、「次世代を担ってくれる新しい人材がほしい」というニーズにぴったり合って、正社員として入社。ついには取締役にまで昇っていくことになりました。

正社員を目指すなら「紹介予定派遣」

ただし、一般論として、多くの会社にとって正社員は固定の人件費になるため、採用には慎重な部分もあります。ですから、欠員が出たとか、まえからちょうどそういう人材を求めていたなど、タイミングが合わないとなかなか難しいのが現状です。

派遣会社には、**「紹介予定派遣」**という制度を適用し、正社員や契約社員などを目指す人のための派遣を行っているところもあります。正社員にこだわるなら、こうした制度を利用するという手もあります。

紹介予定派遣とは、まずは派遣会社に登録し、派遣社員として仕事を始めます。この部分では、ほかの派遣社員と何ら変わりません。

ただし、派遣先企業が、最初から正社員や契約社員などへの登用を前提としているところが違っています。紹介予定派遣の場合の派遣期間は、最長６ヶ月と定められているのですが、派遣期間が満了になる前でも、そこで派遣先と派遣社員、双方の意志確認が行われます。派遣先企業が「この人をうちで雇いたい」と言い、派遣社員も「この会社で正社員あるいは契約社員として仕事を続けたい」と言えば、交渉成立。派遣期間が満了した暁には、正社員や契約社員として晴れて入社となるわけです。

この場合、６ヶ月の派遣期間は、いわばお見合い期間。働く側も、**自分が入社する会社はここでいいのか、この仕事を続けたいのかを、自分で実際に確かめることができる**という点が支持されています。

正社員にもメリット・デメリットがある

いずれの場合にしても、自分がある程度慣れた職場の慣れた仕事で正社員として続けていけるので、安心感はあるようです。ただし一方で、先ほど挙げた菅野さんの例のように、それだけ職場の期待も大きく、仕事の責任も重くなります。正社員登用した以上は、会社側にも主戦力となって働いてほしいという思惑が当然あります。

これまでもずっと触れてきましたが、派遣の仕事は、会社本位ではなく、仕事本位です。しかし**正社員になる以上、会社本位の考えかたや行動を求められる場面も当然出てきます**。慣れた職場の慣れた仕事だからと安心していると、会社とあなたとの間に齟齬《そご》が出てくる可能性もあるので、そこは注意が必要です。

給与体系なども正社員になると変わりますので、最初に会社側と交渉し、合意に達しておくことも大切です。前にもお話ししましたが、派遣社員の場合は、その会社の給与体系や人事制度とは関わりなく、会社のニーズと一人ひとりの経験やスキルとが合致すれば高い収入を得ることができます。ところが正社員になれば、当然のことながら入社する**会社の給与体系や人事制度**に縛られることになります。その点もしっかり確認して、納得のいくまで検討しておくことを忘れないでください。

とはいえ、自分にぴったり合った職場や仕事と運命の出会いを果たすことは、なかなかないことだけにとても幸せな出来事だと思います。派遣会社としては、大切な財産を連れて行かれてしまうわけで、少々残念な気持ちもあるのですが、当社で活躍してくれた人が仕事を通して幸せをつかんでくれるのなら、と、笑顔で送り出すことにしています。

POINT

- **「紹介予定派遣」で正社員を目指すことができる。**
- **派遣の仕事で会社との相性をはかることができる。**
- **正社員になるときは、メリット・デメリットを考えて決める。**

未経験でも自分が進みたい業界で働ける

未経験でも希望を出せばチャレンジできる

自分が希望する業界に転職したいと考えたとき、たいてい壁になるのは、**未経験であるということです。**新卒採用であれば、みんなが未経験であることは当たり前ですが、キャリア採用となると、できれば経験とスキルをもつ人に来てほしいという会社が多いのが実情です。その壁をどうやって乗り越えるのか。実は派遣の仕事であれば、それほど難しいことではありません。

それは、派遣会社に「○○業界で働きたい」という希望を告げて、未経験からでも始められる仕事を探してもらうという方法です。**アシスタント業務であれば、未経験OKの仕事もある**からです。一度その業界で実務につけば、それは立派な経験になります。今後、業界のプロフェッショナルを目指していくための足がかりになります。

エン・ジャパンの2012年の調査（第65回アンケート「人材派遣の利用について」）によると、日本企業全体のうち80％を超える企業が、派遣社員を活用したことがあると回答しています。さらに業界大手の企業ほど、派遣社員を頻繁に活用しているという結果が出ています。つまり、「○○業界で働きたい」と派遣会社の門をたたけば、**ほとんどの業界の仕事を見つけることができる**というわけです。「自分の働きたい業界の仕事があるかどうかわからない」などと言う前に、とにかく派遣会社に行ってみることをおすすめします。

ただし、第3章でくわしく述べますが、労働者派遣法という法律により派遣が禁止されている業務もありますので、その点はご注意ください。

仕事への意欲があるのに、未経験だからという理由でなかなかきっかけがつかめず、一歩を踏み出せないというのは、たいへんもったいないことです。だからぜひ、一人で悩んでいないで、派遣会社に相談してほしいと思うのです。あなたの希望のキャリアを積んでいく最初のきっかけをつかめるように、派遣会社も協力してくれます。

研修が充実している派遣会社もたくさんある

もちろん、最初から思い描いている仕事につけるわけではありません。それでも派遣会社には、自社の派遣社員がスキルアップを図れるように、教育研修制度を整備しているところも数多くあります。仕事に入る前には、研修を受講することで、**仕事に必要な基本的な知識やスキル**を身につけることができます。派遣社員に、なぜ派遣を選んだのかを聞いてみると、「未経験からでも教育研修制度があり、頼りになる」という理由を挙げる人も多いのです。

まずは基礎の基礎となる知識とスキルを身につけ、自分が働きたいと望む業界で、簡単な仕事からスタートしてみる。派遣会社と相談しながら、その業界でだんだんにキャリアを積んでいくプランを描いていく。そういう道があります。派遣会社によって差はありますが、未経験からどのようにキャリアアップしていくのかというキャリアプランの相談に乗ってくれるところもたくさんあります。派遣会社では、様々な業界の情報をもっているので、相談するだけでこれからの方針を立てられることもあります。

後悔しない働きかたを探そう

派遣の仕事はとにかく、**派遣会社との二人三脚**がなければ成り立ちません。迷ったり、悩んだりしたら、まずはその迷いや悩みをぶつけてみることです。派遣会社としても、自社の派遣社員には、たとえ未経験からでも着々とキャリアを積み、長く仕事を続けてくれるほうがありがたいと考えています。「この業界で働くなら、〇〇の資格があると有利だと聞くけれど、本当のところはどうなのか」といったことなど、実際の**仕事に直結するリアルな情報**をもたらしてくれること請け合いです。

「本当はここではなく、あの業界でキャリアを積みたかったのに」。あなたがもし今、そんな思いを抱いているなら、迷っていないで派遣の仕事を始めてみましょう。どうせキャリアチェンジをするなら、できるだけ早いほうが実を結びやすいのですから、迷っている時間などありません。現在就業中でも、登録できたり、相談を受けつけてくれる派遣会社も数多くありますから、まずは今の仕事を辞めるか辞めないかはさておき、派遣会社に行ってみてください。

POINT

- **派遣会社から仕事に直結するリアルな情報がもらえる。**
- **研修制度が充実している派遣会社を選ぼう。**
- **派遣なら未経験の業界でも働くことができる。**

正社員特有の人間関係のしがらみから解放される

わずらわしい人間関係から解放される

「仕事で悩んでいる」という人の話をよく聞いてみると、実は職場の人間関係で悩んでいるということはよくある話です。正社員というのは、一つの会社にずっと腰を落ち着けて働くわけですから、どうしても職場の複雑な人間関係に巻き込まれてしまいます。自分一人だけが距離を置こうとしてもなかなかうまくいきません。

派遣社員の場合は、正社員とは異なる立ち位置でその職場にいるので、やすやすと距離をおくことができます。もしあなたが、職場の人間関係にほとほと疲れているのなら、派遣という働きかたを試してみるといいでしょう。どれほど気楽かがよくわかると思います。**人間関係にわずらわされることなく、仕事だけに専念することが認められます**。

特にオフィスの女性同士の関係というのは難しいことも多いと聞きます。毎日決まった人と昼休みを過ごし、一緒にランチを食べなければいけない慣習があったり、残業も同じグループのメンバーの顔色をうかがい、やるかやらないかを決めたりしなければならない雰囲気の職場もあります。こういうことがわずらわしくて、「正社員はイヤ。派遣のほうがいい」と言う人も少なからずいるのです。

学生時代の友人とは違って、職場で毎日顔を合わせるメンバーというのは、自分では選べません。そういう意味では、正社員であろうと派遣社員であろうと変わりがありませんが、派遣社員であれば、仕事だけの関係と割り切って、休み時間や就業時間後のつきあいなどを一切しなくても、角が立ちません。

職場のみんなでお金を出し合って、誕生日のプレゼントや結婚・出産のお祝いを贈るなどのつきあいもしなくて済みます。お祝い事はけっして悪いことではありませんが、同じ時期にいくつか重なると、出費がかさんでそれなりの痛手を受けることでしょう。そうした心配事からも、派遣社員なら解放されます。

つきあいかたは自分次第

上司と部下の関係についてもストレスが軽くなります。派遣社員は、業務に関しては派遣先の上司の指示に従う必要がありますが、最初に契約した範囲外の業務については断っても構いませんし、お酒の席などオフタイムのつきあいもする必要がありません。そうは言っても、人間関係を円滑にするためには、多少つきあいをしたほうがいい場合もありますが、**自分が本当に嫌だと思っているのに無理はしなくてもいい**のです。

なお、これは余談ですが、職場の雰囲気がよく、職場のメンバーからオフタイムのつきあいのお誘いを受けて、本人もそれを望むなら、もちろんどんどん交流を深めればいいと思います。私の会社の派遣社員の中には、派遣先の会社が費用を出してくれる社員旅行に誘われるままについていって、楽しんでいるちゃっかり者もいます。

問題が起こっても派遣会社が解決してくれる

話を元に戻しますと、派遣社員は職場の派閥争いとも無縁です。知らんぷりをして、中立の立場を保っていればいいのです。それでも巻き込まれそうになって困ったときは、派遣会社に相談すれば、何らかの手を打ってくれます。

派遣社員は派遣会社に守られているので、それ以外にも派遣先で契約外の仕事をするように命じられた、不当な扱いを受けたなど、派遣先の人との間で困ったことが起きた場合は、すぐに派遣会社に相談することができます。自分が働いている職場なので、自分では言いにくいことが誰しもあるはずですが、ワンクッション置いて派遣会社から話をしてもらうことで、**波風を立てず、円満に解決できる**ことが多いのです。

セクシャルハラスメントやパワーハラスメントなどの被害に遭ったら、もちろんすぐに派遣会社に相談です。そんなことはあってはならないことだからです。すぐに担当者が職場とあなたの間に入り、解決してくれるはずです。

派遣社員の目的は、あくまで仕事をすること。もちろん、職場で人に好かれる努力をすることは、自分が働きやすい環境をつくる助けにもなりますし、今後の契約更新にもつながるのである程度は意識したほうがいいとは思いますが、必要以上に周囲の人の目を気にしたり、嫌なことを言われてもひたすら我慢してストレスを溜めたりしなくてもいいのです。

POINT

- **派遣は、わずらわしい人間関係に巻き込まれない。**
- **派遣は、職場での人とのつきあいかたを選択できる。**
- **派遣会社は職場のトラブルを解消するために動いてくれる。**

残業せずに自分の時間を確保できる

理不尽な残業から解放される!

派遣社員に、どんな点がメリットかと聞くと、**残業や休日出勤がないこと**を一番に挙げる人が数多くいます。正社員で働いた経験のある人に、当時の残業について聞くと、「忙しいときは毎日終電近くに帰っていた」「その日の残業がいつ終わるのか予想できず、アフター5の予定を入れられなかった」という声が多いようです。

仕事が定時に終われば、1日の時間を有効に使えます。実際、正社員から派遣社員へと働きかたを変えて、「前からやってみたかった習い事ができるようになった」「スポーツジムに通えるようになり、運動不足が解消された」「仕事帰りに友人と食事の約束ができるようになった」などといったライフスタイルの変化を挙げている人がたくさんいます。

残業も、自分の裁量でするならまだ許せるかもしれませんが、職場の誰かの依頼で残業を強いられるとなると、自分のスケジュールを立てることができないので不自由です。ましてや、古い体質の会社になると、自分の仕事が終わっていても上司が残業で残っている場合は、上司が帰るまで帰れないというところもあると聞きます。こんな理不尽なことは、派遣社員の場合、考えられません。

誰にとっても1日は24時間。それを変えることはできません。**仕事はしっかりしたいけれども、自分の時間も確保したい**という人にとっては、残業がほとんどないというのは、仕事選びの大きなポイントになっています。

サービス残業もなくなる

仕事が終わる時間がきちんと決まっているということは、集中力を維持しながら仕事に向き合うことにも役立ちます。今日の仕事は何が何でも定時に終えなければならないのですから、それだけの責任と緊張感をもたざるを得なくなるからです。

もちろん、派遣先で残業の依頼を受けて、自分でももう少し働いて稼ぎたいという気持ちがあるなら、積極的に残業してもまったく構いません。残業分はきちんと残業時間分しっかりと支払われます。原則として、8時間を超えて残業した場合は時給が25%割り増しになります。今も多くの職場で問題になっている**サービス残業やつきあい残業など、派遣社員にはあり得ません**。

大切なのは、**自分が定時に帰りたいときには帰れる、残業してもいいと思ったときは、きちんと対価を得て納得してできる**、ということです。自分以外の他人の都合で残業を決められたり、仕事もないのに無駄に拘束されるということが一切ありません。

主体的に生きて健康な生活を送れる

完全に自分の意志で、仕事を終えた後のスケジュールを立てられるようになれば、毎日がずいぶん主体的になるはずです。休息や睡眠の時間も取りやすくなるので、仕事の疲れを翌日にもち越すということもあまりなくなるのではないでしょうか。

仕事も自分の時間も楽しむためには、できるだけ健康を維持することが大切です。正社員として残業の多い会社に勤めていた人が、体調を崩してそれ以上勤め続けることが困難になるという話もよく聞きます。みんなが同じように、体力の限界ギリギリまで働かなければならないような環境では、とても安定した働きかたができるとは言えないでしょう。

何に安定を求めるのかは人それぞれです。一番はやはり一定の収入が得られることだと思いますが、**時間の余裕をもった生活で健康を維持し、長く仕事を続けていける**ということも、一つの安定の形に違いありません。

なお、絶対に残業をしたくないのなら、あらかじめ契約の際にそういう約束をしておくことができます。派遣の仕事の場合、仕事をスタートする前に自分の意志をはっきり伝えておくことが、職場で気持ちよく過ごすコツでもあります。遠慮せずに自分の働きかたの条件として提示してください。

POINT

- **派遣は、限られた1日の時間を有効に使える。**
- **派遣は、自分の人生を主体的に生きることができる。**
- **派遣は、残業せずに健康な生活を送ることができる。**

いろいろな会社で さまざまな経験を積める

いろいろな仕事・職種が経験できるので楽しい

あなたは、慣れ親しんだ仕事をずっと続けていきたいタイプでしょうか。それとも、目先を変えて新しい仕事を楽しむタイプでしょうか。

派遣で働く人の中にも、一つの職場で同じ仕事をじっくりやりたい人と、いろいろな会社や仕事を次々と経験していきたい人とに分かれます。同じ職場で同じ仕事を続けるというのは正社員でもできますが、いろいろな会社や仕事を経験するというのは、派遣社員ならではの働きかたです。

たとえ同じ職種、同じ仕事だとしても、働く会社が違えば、仕事の手順ややりかたが違います。その背景にある文化やバックボーンが違うからです。一人ひとりが自分の仕事を任されて取り組むか、それともチームで協力して仕事を片づけていくか。あるいは、そのチームや部署だけでなく、他部署とも連携を取るのか。そういった違いも、会社によってあるはずです。

一つの会社で働いていたら気づかないことも、複数の会社を経験したらわかるようになります。どの会社にもあるはずの共通点も、会社ごとの相違点も見えてきます。それらの経験を積むことで、どういう会社では何に注意したり気を使ったりすればうまく事が運ぶのかなどの知恵も身につきます。自分には、**どんな環境が向いているのかを見極めることもできる**ようになります。

どんな会社も、外から眺めているのと、実際に中に入って働いてみるのとでは、大なり小なりギャップがあるはずです。それを自分自身で確かめられるのは、派遣社員の楽しみでもあります。いろいろな会社のそういうギャップを感じられれば、仕事がマンネリ化することもありません。

自分のスキル・価値観に磨きをかけることができる

何より、多くの職場を経験するということは、多くの人と出会い、一緒に仕事ができるということです。先に、派遣社員には人間関係にわずらわされずに働けることをお話ししましたが、人との出会いに縛られることなく、数多くの人の仕事に対する意識、価値観に触れることは間違いなくあなたの役に立つはずです。「この人の仕事のしかたは効率がいいな」「この人の仕事に対する姿勢は素敵だな」と思うところは自分でもどんどん取り入れて、逆によくないと感じるところは反面教師としてけっして真似しないように気をつけることもできます。

幅広い経験を積むことで、自分に向いていると思う職場環境や仕事内容がわかってきたら、今度は条件を絞って仕事を選ぶようにする手もあります。そこで、一つの職場で長く働くというスタイルに切り替えることもできます。逆に、「最近なんだか仕事がマンネリ化してきたな」と感じたら、職場や仕事を変えてみることだってできます。その際も、前の仕事の経験はしっかり活かしながら、新しいスキルも身につく仕事をしたいという希望を出せます。派遣社員というのは、**将来のキャリアプランを考えながら、その時々のスタイルを自分自身で選べる**ところが強みです。

自分の隠れた適性を見出すことができる

もし今あなたが、自分の適性がわからないと思っているなら、自分自身ではこだわりをもたずに、派遣会社の提案する会社や仕事をできるだけ幅広く試してみることをおすすめします。自分でも気づいていない自分の適性に気づけば、そこから新しいキャリアを切り拓いていくこともできるからです。

人は、**自分では予想もしなかった可能性を秘めている**ものです。それを埋もれさせてしまうなんて、あまりにも惜しい。せっかくもっている可能性を、引き出してみたいとは思いませんか。そういうワクワクした感じは、1ヶ月〜3年というスパンで次々と新しい会社を経験し、比較をするからこそ味わえるものです。

派遣という働きかたを、ぜひ上手に活用してほしいと思います。ほかの働きかたでは味わうことのできない、密度の濃い経験ができます。その上で、あなたのこれからのキャリアプランをじっくり練り上げていってください。

POINT

- **派遣は、いろいろな会社・職種を経験できる。**
- **派遣は、各職場や職種のベストなやりかたを吸収していける。**
- **派遣は、いろいろな仕事を比較しながら自分に合う仕事を探せる。**

起業や独立を目指して経験を積んでいける

起業の土台づくりができる

独立起業の準備期間に、派遣の仕事につくという人もいます。そういう人たちにとって、仕事は次の**3つの条件**を満たしていることが必要です。

①独立起業のため、自分の時間を十分つくれること
②しかるべき時期が来たら、速やかに仕事を辞められること

③ 必要な資金をスピーディーに貯められること

派遣の仕事なら、これら3つの条件がすべて揃っています。残業や休日出勤がなくて**自分の時間**を十分つくれます。また、時期が来たら次の契約更新をしなければ、誰にも迷惑をかけずにスムーズに辞められます。

独立起業の資金についても、パートやアルバイトに比べて給与相場が高い派遣の仕事なら、大きなプラスになると思います。状況次第では、準備期間の中でも自分で時期を分けて、資金を貯めることに重きを置く時期と、こまごました準備のために時間をつくることを重視する時期を分けることもできます。そういう**融通が利くのもまた、派遣の仕事が優れている点**です。

仕事の内容についても、独立起業に向けて、自分が経験したい領域を希望することが可能です。経理の勉強はしているが、実務の現場を実際に経験してみたい。営業の経験が積める仕事をしたい。店舗運営についてできるだけ知りたいので、全体を見渡せるそれほど大規模でない店の仕事をしたい。……といった具合です。

仕事をする明確な目標、目的をもっている人は、それだけはっきりした条件を示してくれますし、仕事に取り組む姿勢も真面目で一生懸命なので、派遣会社としては仕事の提案をしやすいのです。独立起業を目標に頑張っているという意思表示をすれば、基本的には協力を惜しみません。

起業準備に今はいいタイミング!?

2014年版の中小企業白書（「第2章　起業・創業―新たな担い手の創出―」）によれば、わが国の起業家の数は、1979年から2012年にかけて緩やかな減少傾向にあるものの、毎年一貫して、20万人から30万人の起業家が誕生しているということです。さらにここでは、2012年に起業希望者が激減したことを指摘し、「こうした起業希望者の減少は、『起業大国』を目指す我が国にとって看過しがたい事実であり、早急な対策が求められる」としています。

つまりは、**国としても独立起業を目標にしている人たちを、何らかの形で応援する**

体制を作っていくべきであるという課題をもっているということです。今から独立起業に向けて準備をしようと考えている人にとっては、これから追い風が吹く可能性も十分に考えられるということになります。

今はなんとなくぼんやりと、自分の会社を起こしたい、自分の店を開きたいという夢をもっているなら、まさにいいタイミングなのかもしれません。ぜひ派遣の仕事をしながら、夢の実現に向けて頑張ってほしいと思います。

POINT

- **起業の準備に派遣は最適である。**
- **起業する際に必要な仕事も派遣で経験できる。**
- **国も起業家支援に乗り出しており、今はチャンス。**

CHAPTER
3

第3章
「実は安定、実は勝ち組」だった派遣社員

さくっと解説　派遣労働のしくみ

労働契約における正社員と派遣社員の違い

ここで、派遣で仕事をする場合の基本的なしくみをご紹介しておきましょう。

派遣の仕事については、**「労働者派遣法」**と呼ばれる法律によって定められています。

なお、ついでに説明しておきますと、この法律の正式名称は「労働者派遣事業の適正な運営の確保及び派遣労働者の保護等に関する法律」です。実はこの名称になった

■派遣労働のしくみ

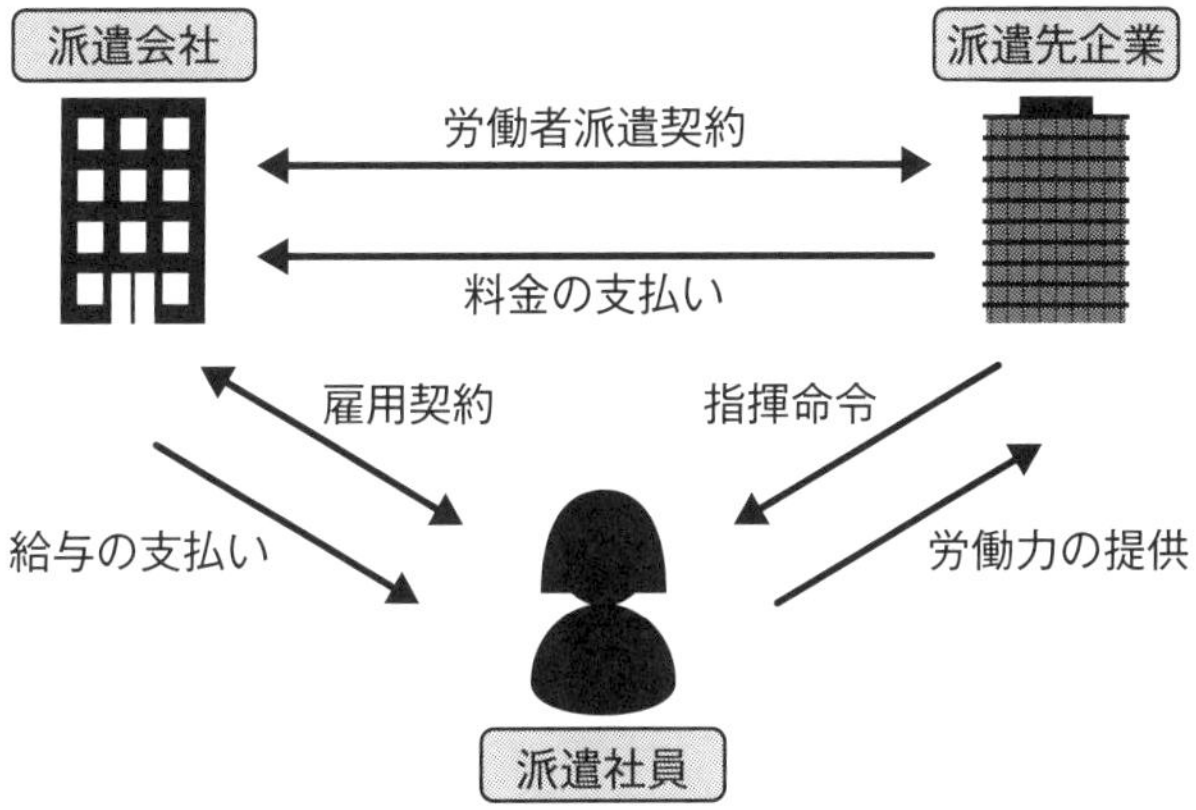

のは、2012年10月1日からで、このとき実施された法改正により、名称が変更されるとともに、労働者派遣法が派遣社員を保護するための法律であるということが明記されるようになりました。

話を元に戻します。

派遣の仕事に関わるのは、働く人、すなわち**「派遣社員」**と、その人を派遣する**「派遣会社」**、その人が実際に仕事をする**「派遣先企業」**の三者です。

正社員や契約社員と呼ばれる人たちは、勤務先企業と直接、雇用契約を結ぶのに対し、派遣社員は働く先の企業ではなく、派遣会社と雇用契約を結びます。つまり派遣社員は、**雇用契約を結ぶ先と、働く先とが異なる**という点が、もっとも大きな特徴です。そこで、正社員や契約社員を「直接雇用」と呼び、派遣社員を「間接雇用」と呼んでいるのです。

派遣社員の場合、給与の支払い、福利厚生や教育研修制度の適用などは、すべて派遣会社から受けることになります。

派遣会社は、派遣先企業との間で派遣契約を結びます。そこで、派遣の仕事が発生するというわけです。派遣社員は、業務の指揮・命令を、実際の職場である派遣先企業から受けます。

実は派遣社員にもいくつかの種類があるのですが、それについては後ほどくわしく説明します。主流となっている登録型の派遣の場合、仕事を始める前にはまず、派遣会社に登録に行きます。そこでどんな仕事を、どんな条件でしたいのかといった希望を派遣会社に伝え、仕事を紹介してもらうのですが、この時点では派遣会社との間に雇用関係は成立していません。実際に**派遣先が決定し、就業が決まったところで初めて、雇用関係が成立します**。

3年を超えても同じ職場・同じ職種で働くこともできる

第2章で、派遣の仕事には必ず期間の定めがあるとお話ししましたが、仕事の契約期間が終了すると同時に、派遣社員と派遣会社との雇用関係もまた、終了します。派遣の仕事の契約期間についても法律で定められていて、概ね**1ヶ月〜3年**です。3年以内であれば、契約期間が満了になっても、派遣社員と派遣先企業、双方の希望があれば契約を更新して、引き続き同じ職場で同じ仕事をすることができます。

それでは、3年を超えてなお、派遣社員本人と派遣先企業の双方が、同じ職場で働き続けることを希望した場合はどうすればいいのでしょうか。**3年経った時点で、派遣先企業と派遣社員との間で直接、雇用契約を結んで正社員や契約社員になるか、あるいは派遣会社の正社員や無期雇用社員になれば、それが可能です。**

なお、契約更新に関わるさまざまな手続きや派遣先企業との交渉は、派遣会社が派遣社員本人に代わって行ってくれます。派遣先で困ったことや判断に迷うことが起これば、派遣会社が相談に乗ってくれた上で、間に入って問題を解決してくれます。

直接雇用であれば、働く人は自分の責任でさまざまな問題を解決しなければなりませんが、間接雇用である派遣社員の場合、何もかもを自分で引き受ける必要はありません。派遣会社を頼りにできるところがたくさんあります。派遣社員が、派遣会社に守られながら働けると言われているのはそのためです。

派遣会社とは、職場とあなたとの間に立ってくれる頼もしい存在であることを、ぜひ覚えておいてください。

POINT

- 派遣は、派遣社員・派遣会社・派遣先企業の三者の契約で成る。
- 3年を超えても同じ職場・同じ職種で働くこともできる。
- 契約更新に関わる手続きや交渉は派遣会社がやってくれる。

ほとんどの仕事は派遣で働ける

時代とともに変化している派遣で働ける仕事

第2章でも少し触れましたが、世の中に存在するほとんどの仕事に、派遣社員としてつくことができます。

わざわざこのような説明をするのはなぜかと言うと、これまでは派遣でできる仕事に制限があった時代があったからです。また、わずかではありますが、現在も派遣が禁止されている仕事もあります。そのことについて、簡単に触れておきます。

日本で労働者派遣法がスタートしたのは、1986年のことです。当時は正社員や契約社員の仕事が派遣社員に取って代わられることのないよう、正社員や契約社員を保護するための法律という意味合いが強かったのです。そこで、派遣でできる仕事を専門性の高い13業務に絞っていたのが最初の労働者派遣法です。

その後30年の歴史の中で労働者派遣法は何度か改正されましたが、1999年までは派遣でつくことができる仕事に制限が設けられてきました。

もしかしたら、**「専門26業務」**という言葉を聞いたことがあるのではないでしょうか。その時代、派遣社員は法律で定められたわずか26業務にしかつけなかったのです。

しかし**現在は、派遣社員はほとんどの業務につけるようになりました**。今なら派遣の仕事につくことで、どんな人も天職に出会うチャンスがあるとお話ししているのは、こういう歴史的な事情があったからです。

派遣で禁止されている仕事

一方で、今も労働者派遣法で派遣が禁じられている業務があります。
その禁止業務とは大きく次の5つです。

①港湾運送業務
港湾における船内荷役、はしけ運送、沿岸荷役やいかだ運送、船積貨物の鑑定・検量等の業務

②建設業務
土木、建築、その他工作物の建設、改造、保存、修理、変更、破壊もしくは解体の作業や、これらの準備作業に関わる業務

③警備業務
事務所、住宅、興行場、遊園地等において、または運搬中の現金等に関わる盗難や、雑踏での負傷等の事故発生を警戒し、防止する業務

④病院等における医療関連業務

医師、歯科医師、薬剤師の調剤、保健師、助産師、看護師、准看護師、栄養士等の業務

⑤弁護士、司法書士等のいわゆる「士」業務

弁護士、外国法事務弁護士、司法書士、土地家屋調査士、建設士事務所の管理建築士の業務等

細かいことを言えば、それぞれについて例外が認められている場合もありますが、ここでは説明を省きます。これらの仕事は、基本的には派遣ではできないということを頭に入れておいていただければ十分です。

これらの仕事を除けば、現在は、派遣社員も、正社員や契約社員も、仕事の内容に目立った違いがなくなってきています。派遣社員はおおむね、正社員や契約社員ほど重い責任を負わなくてもいいケースが多いのですが、職場によってはマネジメントを任されたり、広い裁量をもたされるなど、責任の重い仕事についている派遣社員もい

ます。それを抜擢《ばってき》ととらえるか、負担ととらえるかは人それぞれです。ただ、**派遣社員だからといって、仕事のチャンスが狭められているわけでは決してありません**。優秀な人、頑張っている人なら、はじめは派遣社員であっても、どんどん活躍してもらいたいので抜擢する、それはどの職場も共通して考えている本音なのです。

POINT

- **ほとんどの仕事は派遣で働けるが、法律により一部例外もある。**
- **派遣社員と正社員との仕事内容に大きな差はなくなっている。**
- **派遣社員だからといって、仕事のチャンスが減るわけではない。**

派遣労働もいろいろある

「登録型派遣」と「常用型派遣」

一言で派遣といっても、働きかたの違いによって、大きく2種類の派遣があります。ここではそれについて説明します。

主流と言えるのは、**登録型の派遣**です。この章のはじめに、派遣のしくみを説明する際にご紹介した派遣とは、まさにこのタイプです。派遣社員は派遣会社に登録に行き、自分が希望する仕事を探してもらいます。実際に**派遣先への就業が決まったとこ**

ろで、**派遣会社との間に雇用関係が成立する**ことについては、前にも説明しました。

もう一つ、**常用型の派遣**というのがあります。こちらは、仕事のある・なしに関わらず、あらかじめ派遣会社との間に雇用契約を結んで、**派遣会社の正社員や契約社員になる**というスタイルです。つまり、いったん派遣会社に正社員や契約社員として入社した上で、派遣先企業に配属になって仕事をするというわけです。

登録型の派遣のほうが主流と言ったのは、それだけ多くの仕事があるのが登録型だからです。一方の常用型の派遣の仕事には、電気・機械系のエンジニアやＩＴエンジニア、化学・バイオ・メディカル系の研究職や開発職が多いのが特徴です。最近では、事務職にも常用型の派遣を導入する派遣会社が一部出てきています。

「一般派遣」と「特定派遣」

ここからは、業界の専門的で少々ややこしい話になりますが、参考までに覚えておいていただくと役立つと思うのでお話しします。

2015年9月30日の労働者派遣法改正まで、登録型の派遣を扱う事業を**「一般労働者派遣事業」**、常用型の派遣を扱う事業を**「特定労働者派遣事業」**と呼び、はっきりと区別していました。派遣会社としての許可を受けるしくみも両者で分かれていて、一般労働者派遣と特定労働者派遣の両方を扱う派遣会社、一般労働者派遣を専門に扱う派遣会社、特定労働者派遣だけを扱う派遣会社と、3種類があったのです。

法改正前にも、一般労働者派遣事業について認められれば特定労働者派遣事業も行うことができたため、大手派遣会社はたいてい両方の事業を行っています。特定労働者派遣専門の派遣会社には小規模なところも多く、今回の法改正により許可基準が一本化されることで、そうした会社が淘汰されるのではないかと言われています。

もし派遣の仕事を探す際に、「一般派遣」「特定派遣」といった言葉にぶつかったときは、「法改正前の名残りで使われている言葉なんだなぁ」という程度に理解していただければ大丈夫です。この機会にぜひ、**「一般派遣＝登録型の派遣」「特定派遣＝常用型の派遣」**と覚えておいてください。

なお、派遣会社による求人広告で、「派遣社員募集」とうたっているのは登録型の派遣の仕事を募集しています。また、「正社員あるいは契約社員募集」と記載されているのは、いったん派遣会社の正社員あるいは契約社員として雇い入れた上で派遣する、常用型の派遣です。同じ派遣でも、入口となる雇用形態に違いがあることも覚えておいていただくと、仕事を探す際にスムーズです。

「紹介予定派遣」

実は派遣の種類にはもう一つあります。それが、第2章でもいったんご説明した「紹介予定派遣」です。これは、人材の直接雇用を望む企業と、正社員や契約社員になりたい求職者との仲を、派遣会社が取りもつためのしくみです。

仕事を求めている人は、まず派遣会社に登録し、仕事を探してもらいます。このとき、いずれは正社員や契約社員として採用したいと考えている派遣先企業に絞って、仕事先を紹介してもらうというのが紹介予定派遣の特徴です。

そこで、最初は派遣社員として仕事を始めます。派遣期間が満了になる前でも、派遣社員と派遣先企業の双方の意思確認が行われ、**どちらもが直接雇用を望んでいれば、派遣期間満了後に、正社員や契約社員へと雇用形態を切り替えるのです。**

派遣期間は、いわば双方にとってはお見合い期間。働く側にとっては、派遣会社に間に入ってもらうことで、自分が入社したいと思う会社であらかじめ仕事を体験し、中に入ってみないとわからない会社の制度や文化、雰囲気などを確かめられるという点がメリットです。

紹介予定派遣については、派遣会社によって積極的に取り組んでいるところと、あまり扱っていないところに分かれますので、登録の際に確認してみるといいでしょう。あるいはそれぞれの派遣会社のホームページを見ると、ある程度わかります。

POINT

- **派遣は働きかたの違いで登録型派遣と常用型派遣に分けられる。**
- **労働者派遣法改正前は、一般派遣・特定派遣という区分だった。**
- **紹介予定派遣は正社員・契約社員に切り替えることが前提となっている。**

正社員に認められていることのほとんどが、派遣社員にも認められている

派遣社員にも社会保険は適用される

「派遣の立場は弱い」という思い込みの根本的な原因は、正社員に適用される社会保険や福利厚生などが、派遣社員には適用されないと誤解している人が多いからではないでしょうか。

そんなことはありません。正社員も派遣社員も、法律的には労働者であることに変わりありません。ですから、**正社員に各種の労働法規が適用されるように、派遣社員**

にもまた適用されます。つまり法律で定められて正社員に認められていることのほとんどが、派遣社員にもちゃんと認められています。

たとえば、働く人にとってもっとも気になるのが、社会保険が完備されているかどうかです。社会保険とは一般的に、健康保険、厚生年金保険、雇用保険、労災保険の4つを指します。**派遣社員にも社会保険はしっかり適用されます**し、また派遣会社も適用させる義務があります。それは正社員と同様です。

ただし、期間の定めのない「無期雇用」の正社員と異なり、派遣社員の場合は期間の定めのある**「有期雇用」**であるため、社会保険の適用については、雇用期間等についての条件を満たさなければならないなどの要件があります。それについて触れておきましょう。

社会保険適用の条件

健康保険と厚生年金保険については、概ね2ヶ月を超える雇用期間があり、1日ま

たは１週間の所定労働時間と１ヶ月の所定労働日数とが一般社員の４分の３以上であれば適用されます。「一般社員の4分の3以上」というのが少々わかりにくいですが、一般的には週4日以上、30時間程度の勤務が目安とされています。派遣社員も正社員と同様に、要件に該当すれば、仕事の契約期間中は適用されます。そして、仕事の契約期間が満了になると派遣会社との雇用関係も解消されるため、原則として、被保険者の資格が失われます。ですが、いったん派遣期間が満了し、次の仕事につくまで間が空いてしまう場合でも、条件次第で引き続き被保険者でいることもできる制度もありますので、その点は安心してください。

雇用保険の適用には、概ね31日以上の雇用が見込まれていて、１週間の所定労働時間が20時間以上という条件があります。

労災保険についても、派遣会社は必ず適用し、保険料の全額を負担することが定められています。たとえ仕事を始めて1日目だったとしても、勤務中や通勤途中に事故に遭った場合、補償を受けられます。

以上、少々細かい話になりましたが、派遣社員もある程度まとまった期間、継続して仕事をするという前提があれば、社会保険のすべてが適用されることがおわかりいただけたかと思います。どうぞ安心してください。

有休・産休・育休もちゃんと認められる

次に休暇について。「派遣社員は、休みを取ったら欠勤扱いになって、その分収入が減っちゃうんでしょ」と思っているあなた。それは違います。**有給休暇も取得できます**。

急な当日欠勤や後付け申請などでは有給休暇と認められない場合もありますが、あらかじめ派遣会社に相談し、申請するなどの手続きを踏んでいれば、有給休暇はちゃんと認められます。

ただしそれには、**同一の派遣会社から6ヶ月以上継続して勤務していること、労働日の8割以上出勤していること**という条件がありますので、注意してください。また、有給休暇取得の手続きに関しては派遣会社によっても異なりますので、必ず事前に確認しておくことが大切です。

産前産後休暇、育児休暇の取得ももちろん、各種の法律によって派遣社員にも認められています。最近は正社員同様、派遣社員の中にも、出産・育児を経て仕事に復帰し、ワーキングマザーとして仕事を続ける人が増えています。なお、介護休暇に関してもやはり正社員同様、派遣社員の場合も男女どちらにも認められています。

クレジットカードの発行や、ローンを組むこともできる

それから、よく質問を受けるのが、派遣社員でもクレジットカードを作れるのか、あるいは住宅や車を購入する際にローンを組めるのか、ということです。もちろん、どちらも可能です。実績もあります。

ただし、クレジットカード会社やローン会社によってそれぞれ審査基準が設けられていますので、その基準次第です。勤続年数や年収などを基に審査されますが、**派遣社員であるという理由だけで断られることはありません**。あくまでもその人本人がど

んな働きかたをしてきたのかを見られますので、一定以上の期間、きちんと継続して仕事をし、一定以上の収入があることが認められれば、クレジットカードも作れますし、ローンも組めます。その点は、正社員であっても同じことです。

ここまでいろいろご説明してきましたが、いかがですか。

「正社員なら当然できることが、派遣社員だからできない」ということはほとんどないと思っていただいて間違いありません。もしそういうイメージがあるとしたら、そのイメージは、誰かのまったくの思い込みによって作られてしまっただけのことです。どうか安心して、派遣の仕事についていただきたいと思います。

POINT

- 派遣社員も、正社員同様に社会保険は適用される。
- 派遣社員も有休・産休・育休の取得は法律で認められている。
- 派遣もクレジットカードの発行・ローンを組むことができる。

派遣法改正で、これだけ魅力的になった派遣の仕事

実は良くなった！ 新しい派遣法

2015年9月30日に、改正後の新しい労働者派遣法が施行されました。この法律のポイントはいくつかありますが、**派遣社員が安定的に仕事ができることをもっとも配慮している**といわれています。

何を基準に「安定している」と判断するのかは人それぞれです。当たり前のことですが、一概に「正社員＝安定、派遣社員＝不安定」とは言えません。第1章、第2章

でも述べたとおり、正社員になってほしいと求められても、派遣社員であることにメリットや魅力を感じて、あえて派遣社員のままで仕事を継続することを選ぶ人も少なからずいます。

こうした前提を踏まえた上で、改めて新しい労働者派遣法を見たとき、評価すべき点はもちろんあります。ここでは、それについてお話ししたいと思います。

業務区分の廃止で、派遣の仕事の幅が広がった

まず一つ目のポイントは、**「業務区分の廃止」**です。

この章の最初のほうでも、1999年までは派遣でつくことができる仕事に制限が設けられていたことを述べました。それが専門26業務です。実は2015年の改正まで、この26業務は形を変えて残っていたのです。

2015年の改正まで、26業務への労働者派遣には期間制限を設けず、それ以外の業務には最長でも3年という期間制限が設けられていました。

２０１５年の法改正により、**26業務とそれ以外の業務という区分がなくなり、すべての業務について原則3年以内という一律の期間制限が設けられました。**

この業務区分の廃止というのは、一つの進歩だと言えます。専門26業務という考えかた自体、30年前に労働者派遣法がスタートした時点の「派遣の仕事内容はこうあるべき」という狭い考えかたの名残りだからです。

現在、正社員、契約社員、派遣社員の間で、仕事の内容には目立った差がなくなってきているのが現状です。先にも説明したとおり、派遣でほとんどの仕事につけます。業務区分の廃止により、これからますますこうした状況が促進されていくと予想されます。

長期で同じ職場で仕事をしたい人への救済措置

ポイントの２つ目は、**「雇用安定措置」**についてです。改正労働者派遣法は、派遣社員が同じ職場に継続して1年以上派遣される見込みがある場合などに（3年継続派遣時は必ず）、派遣会社に対して「雇用安定措置」のいずれかを講じるよう求めています。

「雇用安定措置」とは、「派遣労働者の派遣終了後の雇用を継続させるための措置」と説明されていますが、具体的には次の4つです。

①派遣先への直接雇用の依頼

②新たな就業機会（派遣先）の提供（合理的なものに限る）

③派遣元事業主による無期雇用

④その他雇用の安定を図るために必要な措置

以上のうち、①と③に関しては、要するに派遣社員が1年以上の長期にわたって同じ職場で働くことが見込まれるなら、**その職場で正社員や契約社員として雇い入れる**か、**派遣会社が正社員や無期雇用派遣社員として雇い入れる**か、どちらかが望ましいということです。確かに、同じ職場で長く働きたいという思いが働く側にあるなら、派遣社員は辞めて、正社員や契約社員として働けるように切り替えるというのは理にかなっているでしょう。どうしても「このまま同じ職場で働きたい」と思っている人はぜひ派遣会社に相談してください。希望通りになるほうが多いと思います。

②については、普通の派遣会社なら当然行うことだと思います。前にもお話ししましたが、派遣社員は、派遣会社にとって財産です。職場や仕事が替わることがあっても、同じ派遣会社でできるだけ長く働いてほしいと思っています。派遣期間が終了したら、次の派遣先を紹介しますので、ぜひとも引き続き働いてほしいと思います。

最後の④については補足説明が必要です。「その他雇用の安定を図るために必要な措置」とは具体的には、**派遣会社が仕事を紹介するまでの期間に行われる有給の教育訓練を実施することや、紹介予定派遣の対象とする**などのことを指します。こうした内容が加えられたからといって、どの派遣会社でも今すぐに、仕事を紹介するまでのブランク期間に有給で教育研修を実施するというわけにはいかないでしょうが、これが浸透していけば派遣社員にとっては有利な環境になります。

キャリアアップ支援が充実する動き

それから、新しい労働者派遣法のポイントの3つ目についてです。派遣会社は、派遣社員のキャリアアップを図るため、**「段階的かつ体系的な教育訓練」**と**「希望者に対するキャリア・コンサルティング」**を実施することが義務づけられました。

もちろんこれまでも、派遣会社ではそれぞれ独自に、教育研修プログラムを設けたり、キャリアプランの相談にも応じていました。しかし法改正によって、「派遣会社とは派遣社員に対して、教育やキャリア・コンサルティングをしてくれるもの」という認識が広がれば、キャリアアップのために派遣会社を活用することが働く人の常識になっていくはずです。そこに大きな期待がもてます。

以上に挙げた3つが、今回の法改正が、派遣で働くことをより魅力的にしたポイントだと考えています。業務内容の区別なく、派遣で幅広い仕事につくことが当たり前になり、しかもキャリアアップのための制度適用を受けながら仕事を続けられる裏づけになるからです。これから派遣で仕事をすることが、働く人にとってもっともっと魅力的になる。私自身はそう信じています。

POINT

- 新しい労働派遣法は、安定的に仕事ができるしくみになった。
- 長期間同じ職場で同じ仕事をしたい人への安定措置もとられた。
- 派遣会社はキャリアアップ支援を積極的に行わなければならない。

今や派遣を含む非正規労働者が4割を占める時代

ライフスタイルから働きかたを変えよう

「派遣社員の人たちは、みんなが正社員になりたいと望んでいるはず」

こんな決めつけかたをしているさまざまなテレビ番組や新聞・雑誌の記事を目にするたびに、私は違和感を覚えてきました。本当にそうでしょうか。

私の会社で働く派遣社員の中にも、派遣で働いて実績をつくり、次のステップとして正社員を希望する人はもちろんいます。しかし一方で、第1章でもご紹介したように、**ずっと派遣で働き続けたいと言う人もいます**。どちらを選ぶのかは、その人が仕事を含めたライフスタイルをどう設計していきたいかによると考えています。

2015年7月24日、総務省統計局から、興味深い広報資料が発表されました。タイトルは「最近の正規・非正規雇用の特徴」。これによると、日本では1990年以降、非正規雇用者数の増加が、雇用状況における特徴的な動きになっているといいます。1980年に881万人だった非正規雇用者数は、2014年に1962万人となんと2000万人近くまで達し、実に2倍以上になっています。

雇用者全体のうち、非正規雇用者が占める割合を見ると、2014年には37・4%とほぼ4割。このまま増え続ければ、**雇用者の半数が非正規雇用者となるのも時間の問題かと思われます**。

正規雇用がいいのか、非正規雇用がいいのかというのは、判断基準がさまざまにあり、意見が分かれるところだと思います。しかしいずれにしても、派遣社員を含む非正規雇用者は急加速で増加していて、もはやどちらがいい・悪いという議論にほとんど意味がなくなってきています。

世の中ではよく「正社員」という言葉が使われますが、実は正社員という法律的な定義はありません。無期雇用契約によって雇われ、雇い主が「正規の職員・従業員」と認めている人たち全部を、一般的に「正社員」と呼んでいるだけです。この人たちが、いわゆる正規雇用者です。

一方で、それ以外のパート、アルバイト、派遣社員、契約社員、嘱託と呼ばれる人たちが、非正規雇用者というわけです。

実は、望んで非正規雇用の働きかたを選んでいる人が多い

総務省統計局の「最近の正規・非正規雇用の特徴」（総務省統計局2015年7月24日発表）でさらに興味深いのは、「非正規雇用者が非正規の職に就いた理由」についてです。2014年の調査結果では、非正規雇用者のうち「不本意型」、つまり「正規の職員・従業員の仕事がないから」しかたなく非正規の職についていると答えた人は18・1％と2割を切っています。**非正規雇用者の8割以上が、「自分の都合のい**

い時間に働きたいから」「家計の補助・学費等を得たいから」「家事・育児・介護等と両立しやすいから」「専門的な技能を活かせるから」などのポジティブな理由があって、非正規雇用という働きかたを選んでいます。

これまでにも何度もお話ししてきましたが、みんながフルタイムで週５日働きたいわけではありません。みんなが会社本位、仕事最優先で働きたいわけでもありません。こうした人たちの望みをかなえるには、待遇や給与、キャリアアップ支援制度の充実などを考え合わせても、派遣社員という働きかたが最適なのではないかと考えています。

日本では、もうすでに**「正社員＝多数派、非正規雇用＝少数派」とは言い切れない時代**に入ってきているのが現状です。どういう働きかたが一番いいのかを決めるのは、ほかでもない、働くあなた自身です。そして統計では「非正規雇用」と分類されていますが、これまでに述べてきたとおり、派遣社員という働きかたは、働くあなたにとって、もっとも便利で有利で安定した働きかたです。私は、そもそも派遣社員という働きかたを、非正規雇用という分類に含めてしまってよいのかという疑問すら感じています。

正社員や派遣社員という言葉だけで勝手なイメージを抱き、自分には合わない会社や仕事に無理やり自分を合わせてストレスを溜め込んでいく時代はもう終わりました。働く人みんなが、自分の人生に何を求めるか、その中で仕事はどうあるべきかを考え、仕事を選んでいくのがこれからの時代です。ぜひあなたにも、派遣の仕事を、あなた自身の課題を解決するすばらしい選択肢の一つとして見てほしいと願っています。

POINT

- **正社員がいいとは一概に言えない時代になった。**
- **実は自ら望んで非正規雇用で働いている人が多い。**
- **自分の人生に何を求めるかで、働きかたを選ぶ時代である。**

CHAPTER 4

第4章
「派遣」で成功して夢をかなえる方法

派遣に向いているのはこんな人

天職かどうかは、やってみないとわからない

第2章で、派遣という働きかたが自己実現に適している面についていろいろとお話ししましたが、裏を返せば、その一つひとつを自分にとってのメリットだと感じられる人は、間違いなく派遣に向いています。今すぐにでも派遣の仕事についてほしいと思います。

具体的にはまず、今現在、**自分のやりたい仕事を定めきれていない人**。派遣なら、

自分のキャリアプランについて派遣会社にあれこれと相談しながら仕事を決めることができますし、未知の仕事や職場について、2~3カ月単位で試してみることができます。そうこうしているうちに、自分の天職に出会うケースはよくあります。私も今までにそういうケースをたくさん見てきました。

「自分は本当は何がしたいんだろう。何が向いているんだろう」と一人きりで悩んでいても、何も始まりません。**いろいろチャレンジしながら模索するというのは、いわば派遣だけに許された特権**と言っていいかもしれません。ぜひ試してみてほしいと思います。

いいとこ取りが可能な派遣の働きかた

次に、**自分が目指す夢があり、それをかなえるまでの生活の足がかりをほしいと思っている人**にとっても、派遣は最適な働きかたです。目指す夢とは、独立・開業や海外留学、難関資格取得、芸能・芸術で身を立てることなどです。夢の実現までの準備期間には、まとまった自由な時間を確保しながら、一方で不自由なく生活できるだけの収入も必要です。目標に向けて貯金もしなければならないでしょう。こうした希望をバランスよく満たすには、おそらく派遣以上の働きかたはないのではないかと思っています。

また、**限られた時間で効率よく稼ぐことが、仕事選びの最優先という人**。一定期間に働き、長期休暇を取って自分のやりたいことを思う存分やりたい人もいれば、介護や育児などのために1日あるいは1週間のうち働ける時間がどうしても制限されてしまうという人もいるかと思います。

いずれにしても、仕事が人生の目的の最優先ではない人、あるいは最優先にはできない人の場合、派遣会社に事情を説明し、自分にぴったり合った時間配分でできる仕事を選べるのは、何より好都合ではないでしょうか。

それから、仕事をしたいという意欲は十分あっても、**会社や職場に縛られたくない人**。その時々の都合により、職場のルールに合わせて業務内容を変えられたり、残業を強いられたりすることにほとほと嫌気がさしているとか、職場のしきたりや人間関係をわずらわしく思っているなら、派遣の仕事があなたの悩みを解決してくれるはずです。派遣なら、契約外の業務をさせられたり、納得できない残業をさせられることがありません。職場の人間関係にどっぷり浸かる必要もなく、一定の距離を置いたつきあいができるのも派遣ならではです。

これまでの話で、あなたもう気づいていらっしゃるかと思いますが、派遣というのは、いろいろな面で**「いいとこどりができる働きかた」**と言えます。仕事に求めるものは自分なりにあるものの、ほかに自分がやりたいこと、あるいはやるべきことがあって、それを仕事によって浸食されたくない。たとえ仕事でも心地よくないことはできるだけ避けたい。そういうあなたの思いをかなえ、あなたらしく働く自由を与えてくれるからです。つまり、自分のライフスタイルを考えたとき、いいとこどりの働きかたがぜひとも必要という人は、すべからく派遣に向いていると言えます。

仕事中心の生活が楽しい人は派遣に向かない

では逆に、派遣に向かないのはどんな人でしょうか。

一言で言うなら、**仕事をライフスタイルの最優先にしたい人**です。人生の喜びも、自己実現の場も仕事にあるという人、仕事が充実さえしていれば概ね満足できるという人、一つの職場で同じ顔ぶれのメンバーと切磋琢磨し、出世していくことに喜びを感じる人というのは、ある意味、派遣には向いていません。そういう人にとっては、仕事にいちいち期間の定めがあること自体、邪魔で不自由だからです。できることなら、自分の納得できる職場を見つけて、無期雇用で働くことをおすすめします。

ただ、人生は山あり谷ありです。体調が思わしくないといった理由で、少しペースダウンをしなければならないときもありますし、ライフステージの変化により、自分より家族を最優先しなければならないときもあります。それがたとえ一時的なことであっても、それまでと同じような働きかたはできないといった事態に苦しむことになるでしょう。そういうときには、派遣という働きかたがあることを思い出して、一時避難をする気持ちで利用してほしいと考えています。

POINT

- 派遣に向くのは、仕事で迷っている人・仕事以外に夢がある人。
- 会社に縛られたくない・特定の時間だけ働きたい人にも向いている。
- 仕事中心の人生を楽しめている人は派遣には向いていない。

派遣労働の大まかな流れ

こうなっている！　派遣登録～卒業の流れ

ここでは、派遣の仕事をどのように始めるのか、また、夢や目標を達成し、もう派遣で働く必要がなくなったときにはどのように卒業していくのかをお話しします。

第3章で派遣のしくみについてご説明した際、登録型の派遣にはまず、**派遣社員としての登録**が必要であると述べました。細かい話をすれば、派遣社員登録の前に、派遣会社に連絡を入れて登録予約をするところからスタートします。まっさらの状態からスタートして、一つの仕事が契約期間満了で終了するまでの流れをざっくりと追うと、次の7段階になります。

■派遣労働の流れ

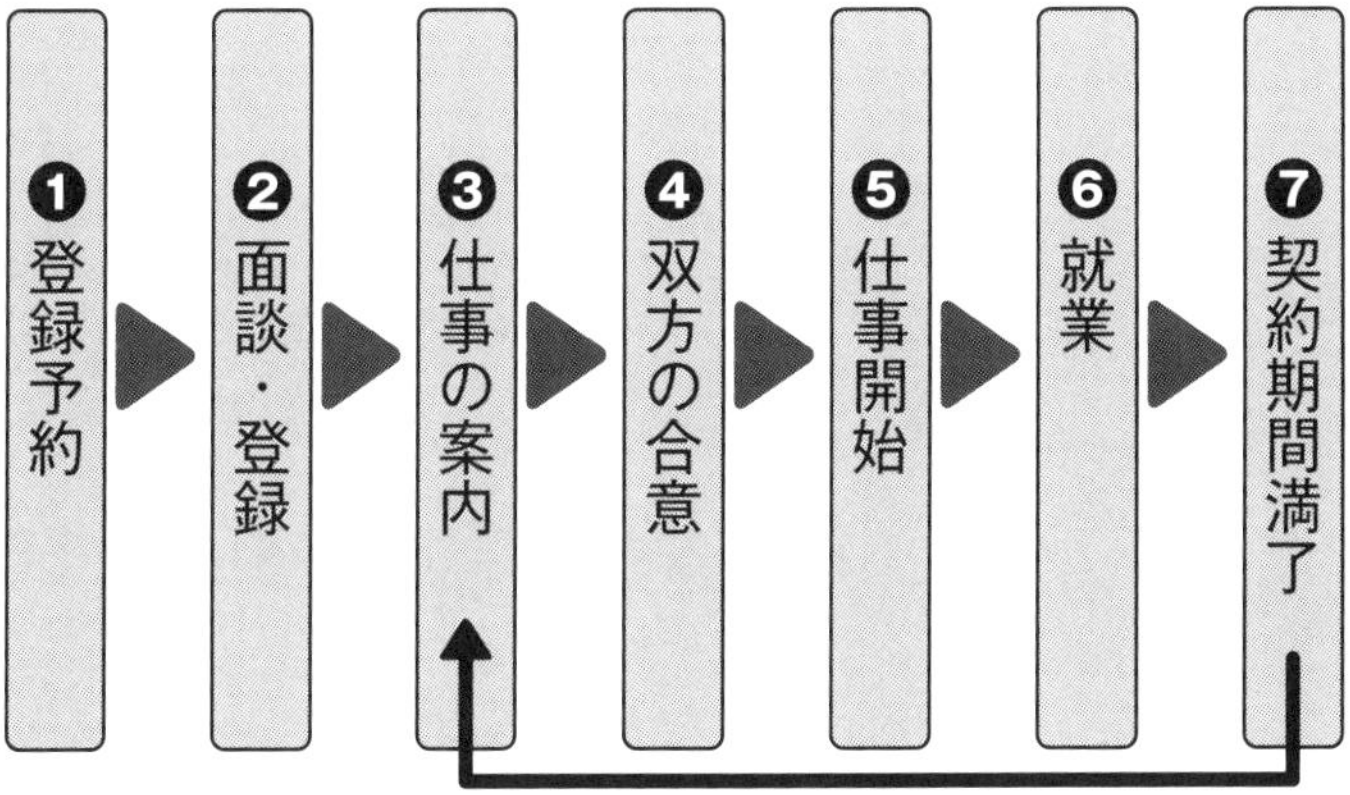

①登録予約

一般的には、派遣会社の募集広告に対して、電話かメールで行います。

②面談・派遣社員登録

派遣会社に行き、面談など所定の手続きを経て派遣社員登録が完了します。

③派遣会社からの仕事の案内

派遣社員登録の際、すぐに仕事を案内される場合もありますし、電話やメールによって後日案内される場合もあります。

④派遣社員と派遣会社の双方の合意

希望すれば就業前に職場見学ができる場合もあります。疑問点があればこの段階でしっかり確認し、いよいよ仕事が決定します。

⑤仕事開始（派遣会社との雇用契約も開始）

登録型の派遣では、仕事開始と同時に派遣会社との雇用契約もスタートします。就業条件通知など、そのための手続きがあります。

⑥就業

就業中は、派遣先企業の指揮・命令を受けて仕事をします。仕事上の悩みや疑問があれば、派遣会社に相談できます。

⑦契約期間満了（派遣会社との雇用契約も終了）

契約期間満了と同時に、いったんこの仕事は終了します。ただし、派遣社員と派遣先企業の合意のもとで契約を更新し、仕事が継続される場合もあります。また、この仕事が終了しても、派遣会社から次の仕事を案内される場合もあります。

7段階の最後、⑦の契約期間満了の段階で、契約更新ということになれば、そのまま同じ職場で同じ仕事を継続します。ここでその仕事が終了ということになれば、また③〜⑦のプロセスを繰り返し、次の仕事につくことになります。

卒業しても働いてくれた人は大切な仲間

以上が、派遣で仕事を続けていく場合の流れです。もし、正社員としての就職が決まったり、独立・起業や自分が目指す世界でのプロデビューなど、目標達成のめどが立ったという場合には、**契約期間満了のタイミングで派遣社員は卒業**です。派遣会社にその旨を伝え、次の仕事の案内は必要ないことをはっきり伝えましょう。その際の対応は派遣会社によって様々ですが、私の会社では、本人から特に申し出のない限り、半永久的に派遣社員としての登録を残していますので、いつでも復帰可能です。もちろん、本人の希望があれば登録を完全に解除することもできます。

さらに当社では、卒業していった元派遣社員に対しても、キャリア・コンサルティングや職業紹介、独立・起業相談、各種研修などで支援する制度もあります。また、会社主催の派遣社員向けイベントや懇親会にも招待し、卒業後も一緒に働いた仲間として交流する機会を設けています。

私自身は、私の会社で派遣の仕事についてくれた派遣社員は、みんな当社の正社員と考えています。ですから卒業したらそれで当社との人間関係も終わりというのではなく、その後の活躍を知らせてほしいですし、他の派遣社員たちの目標になってくれればそれ以上の喜びはありません。

POINT

- 派遣で働きたい人はまず派遣会社に登録する。
- 雇用契約が始まるのは、就業が決定したときから。
- 契約期間が終了すれば、派遣会社の雇用契約も終了する。

夢に近づく！賢い派遣会社の選びかた

特定の働きたい企業があるなら資本系、色々な企業から仕事を選ぶなら独立系

ひとくちに派遣会社と言っても、その種類は様々です。ここではどんな派遣会社があり、どういう観点から選べばいいのかをお話ししておきましょう。

日本全国に、派遣会社の事業所はざっと8万5000ヶ所あります。ただし、大手の派遣会社になると、47都道府県すべてに事業所を置いているところもありますので、企業数ということになればもうちょっと少なめになります。

第3章でご説明したとおり、派遣には登録型と常用型がありますが、2015年の法改正により、登録型と常用型に分かれていた制度が一本化されることになりました。そこで、ここでは主流である登録型の派遣を扱っている派遣会社について触れます。

まず、派遣会社は大まかに**資本系**と**独立系**に分かれます。

資本系とは、銀行、商社、メーカー等の出資により設立された派遣会社のことです。資本系の場合、当初の設立目的が出資企業の人材確保だったというところも多いのが特徴です。そのため、現在は広く様々な業界や企業に派遣を行っていても、一般的には出資企業への派遣に特に強いので、その出資企業で働いてみたいと思うなら、登録してみるといいでしょう。

独立系とは、文字通り独立資本の派遣会社です。概ねいろいろな業界の仕事を扱っていますが、やはり派遣会社ごとにそれぞれ特徴がありますので、ホームページなどで調べてみるといいでしょう。扱っている業界や職種という観点で選ぶ方法もありますし、就業中のフォロー体制や教育研修制度などの充実度から選択する方法もあります。自分が派遣会社に何を求めているのかで決めていくといいでしょう。

仕事の豊富さでは大手、フォローの細かさでは中小

また、派遣会社の規模によって、大手と中小とに分かれます。

やはり何といっても、仕事の数が多いのは大手です。大手企業、人気企業の仕事も数多くかかえています。広告などへの露出も多く、社名やロゴになじみがあることから、親しみや安心感をもちやすいかもしれません。ただ、仕事の数が多い分、派遣社員の数もまた多いので、マッチングやフォローがシステマティックである傾向があります。派遣社員にとってはさっぱりつきあえる半面、物足りなさを感じることもあるかもしれません。

中小は仕事の数が大手ほど多くはありませんが、それぞれの特徴を打ち出しているので、ある特定の領域に関しては仕事が充実していると考えていいと思います。傾向としてマッチングやフォローに関してきめ細かく、**親身に世話を焼いてもらうのが性に合っているという人**には適しています。

業種・職種・勤務地が決まっている場合は特化型

仕事がバラエティに富んでいることを売りにするのではなく、あえて**特定の業種や職種、地域に特化した業種・職種特化型、地域特化型**の派遣会社もあります。

業種・職種特化型とは、たとえば「ＩＴ業界の仕事専門」「旅行業界の仕事専門」「販売・サービス系の仕事専門」などとうたっているところです。希望する業界や職種が明確な場合は、希望に合った仕事を得やすいという利点があります。ただし、職種で選ぶとなると、場合により全国の勤務地を検討しなければならない可能性もあります。もちろん、ある程度の範囲でなら希望エリアで仕事を探してもらえるものの、あまり多くの条件を出し過ぎるといい仕事には出会いにくいかもしれません。

地域特化型とは、特定エリアの仕事を専門にしている派遣会社です。「とにかく自宅から近い職場がいい」「地元で働きたい」という人には最適です。一つの仕事が契約満了になっても、また次に、地元の仕事を案内してもらえます。派遣会社自体が地域密着で事業を営んでいるので、派遣先企業とも信頼関係ができている場合が多く、安心して就業できるという特徴もあります。

複数登録はリスクヘッジ、絞るとキャリアアップがしやすい

派遣社員の人たちは、１社だけでなく複数社に登録をしているのが一般的です。一人の派遣社員につき、平均４社は登録しているとも言われています。また、派遣会社１社から一度に案内される仕事は平均４件とも言われています。４社登録していて各４件ずつの仕事を案内してもらえば、実に16件の仕事から自分がもっとも興味のあるものを選べる計算になります。複数社に登録することで、派遣会社の雰囲気、自分との相性、フォロー体制などを比較することもできます。また、一つの仕事が終了しても、すぐに次の仕事を、複数の派遣会社からいろいろと案内してもらいやすくなるという、いわば**リスクヘッジ**という意味もあります。

一方で、１社だけに登録し、同じ派遣会社で継続して仕事をすることには、派遣会社との信頼関係を築いていけるという強みがあります。**昇給やキャリアアップ**につな

がりやすくなる傾向もあります。

いずれにしても、やたらに多くの派遣会社に登録するのは感心しません。**自分が派遣会社に何を求めているのか**をよく考え、仕事探しのパートナーを選ぶつもりで、派遣登録に臨むことが長続きするコツです。

インターネットや新聞・雑誌等の求人広告を見たり、派遣会社のホームページを確かめたり、すでに派遣社員で働いている友人に意見を聞くなど、派遣会社との出会いかたはいろいろあります。それらをフル活用して自分なりに情報を集めてください。

多くの派遣会社は、自社の派遣社員向けに「紹介キャンペーン」を実施しています。要は、「お友だちを紹介した派遣社員の方に、特典があります」というキャンペーンです。派遣社員の友人が「この派遣会社、とてもいいよ」と言うなら、キャンペーンの機会に紹介してもらうのも手です。

また、派遣会社はハローワークにも求人を出していますので、そちらもぜひ検索してみるといいでしょう。

POINT

- 出資企業への就業で選ぶ→資本系派遣会社
- フォローの丁寧さで選ぶ→中小派遣会社
- 勤務地・職種で選ぶ→地域・職種特化型派遣会社

チャンスを逃さない！
登録申込みと、登録面接の挑みかた

応募のときから〝どんな人〟か見られている

登録型の派遣の場合、仕事を始めるためには、まず派遣社員登録をすることが必要です。最近ではオンライン登録を導入しているところもありますが、多くの場合は派遣会社に出向き、そこで面接を含めた各種の手続きを行うことで登録できます。オンライン登録も、登録の手順が分かれたり、前後するだけで、どこかのタイミングで必ず面接を実施するのが普通です。

ここでは、派遣会社を直接訪ねて行う登録についてお話しします。

まずは派遣会社のホームページや求人広告などに示されている方法に従って、応募をします。応募フォームに住所、氏名などの簡単なプロフィールを入力して送るか、電話をかけるという方法が一般的です。

このときに注意していただきたいのは、**応募の時点ですでに選考が始まっている**ということです。

派遣会社にとって、派遣社員は財産だという話はくり返しお伝えしてきました。財産はたくさんもっているほうがいいに決まっていますから、できるだけ多くの人材を採用したいと考えています。とはいえ、派遣会社にとって、派遣先企業は取引先、お客さまにあたります。人材を採用する際、**「この人を自社の派遣社員として、お客さまに自信をもって紹介できるかどうか」**を判断することは、派遣会社にとって死活問題です。そういうわけで派遣会社側は、応募者と接する最初の段階から、相手が常識的な判断ができる人か、きちんとコミュニケーションが取れる人かを見極めようとしています。

派遣会社とは、あなたの仕事探しのパートナーとなる存在です。ですからあなたも、パートナーとのリレーションを築いていくつもりで、最初のアプローチをしていただきたいと思います。

メール・電話には誠実に対応する

といっても、何も特別なことが必要なのではありません。

たとえば、メールによる応募の場合は、応募方法として示されているとおりに応募フォームへの記入を行ったり、メールを送信してください。即日、遅くとも数日のうちに登録予約案内のメールが返ってきますので、その**メールには、できるだけ速やかに返信をする**こと。急に忙しくなってしばらく登録には行けそうにないからといって、間違っても派遣会社からのメールを放置してはいけません。

電話による応募の場合は、電話が派遣会社に正しくつながったことを確認したら、まず自分の名前を名乗ること。「そんな当たり前のことを今さら」と思うかもしれませんが、実際には、「求人広告を見たんですけど」と、自分の名前も名乗らずにいきなり自分の用件から話し始める人もけっこう多いのです。

あなたの行動には、必ずフォーマルとプライベートの2種類があると思います。**「仕事を探す」「仕事につく」というのは、どんな事情があれ、あなたにとってはフォーマルな行動であるべき**です。プライベートでたとえばレストランや居酒屋に予約の電話を入れるのとは、全然違うものだときちんと意識しておいてほしいと思います。

たった一度のメールや電話の受け答えでも、最低限の社会人のマナーができているのか、相手の話をきちんと聞いて理解し、会話ができる人かということくらいは、派遣会社の人たちにはすぐにわかります。それができない人を、自社のお客さまのところに派遣することができるでしょうか。そんな恐ろしいことはとてもできません。

まずは**常識ある社会人**としてのやり取りをきちんとして、メールにしろ、電話にしろ、登録の日時を予約してください。そして約束の日時を守って指定の場所を訪ねること。もし、どうしても事情があって時間に遅れるとか、当日行けなくなったという場合には、これも常識的なことですが、その旨、電話で連絡を入れることです。

履歴書や職歴のメモを持参するとスムーズ

さて、登録の予約が取れたら、いよいよ派遣会社に行って登録します。

たいていは、本人の職務経歴をはじめとするプロフィールの書類への記入、簡単なスキルチェック、面接などを行います。順番は派遣会社によって異なりますが、順番が違ったからといって特に大きな影響はないので、緊張せずに誘導されるとおりに対応していきましょう。

「履歴書不要」となっていても、プロフィール書類の記入については、**履歴書の項目を基に、すぐに記入できるようにメモを作っていくとスムーズで好印象**です。

スキルチェックは、主に事務職、専門職を中心とした派遣会社で実施されますが、パソコンの入力や一般常識問題などのテストが多いようです。

面接は、社会人としてきちんとコミュニケーションを取ることが求められますが、必要以上に緊張する必要はありません。先ほども言いましたが、派遣会社にとって派遣社員は財産です。できるだけ多くの人を採用したいと考えています。ですから、正社員や契約社員の面接が「必要な人を選別し、そうでない人を落とすための面接」であるのに対し、派遣社員の面接は「基本的にみんなを通すための面接」です。特別な問題がない限りは通りますので、どうかリラックスして受けてください。

正直に伝えることでマッチング率がアップ

面接では、あなたの思い描いているキャリアプランや、今つきたい仕事の内容、条件などを必ず聞かれますので、**自分の希望をできるだけはっきりと具体的に伝えてください**。とはいえ、パソコンを使えない、他にできることもないとか、自分には何ができるのかがわからないという場合は、そのことをきちんと伝えて、「できるだけ何にでもチャレンジしてみたいと考えています」「最初は未経験ですが、スキルを磨き、実績を重ねて、将来はこういう待遇を受けられるところまでキャリアアップしたいと思います」などと言えば、仕事の案内をしてもらいやすくなります。

以上のような手続きをすべて行えば、派遣社員登録は完了です。仕事をスタートする準備ができました。なお、派遣社員登録の際には一般的に、それぞれの派遣会社のしくみやサービス、細かい注意点などをまとめたガイドブックを渡されます。それにはしっかり目を通して、仕事につくにあたってのルールを確認しておきましょう。給料日や受け取り方法、社会保険がどんなときに適用されるのかなどについても、このときにきちんと認識しておいてください。

POINT

- **派遣会社への応募のときから選考は始まっている。**
- **常識ある社会人のふるまいが求められるのは派遣でも同じ。**
- **自分の希望やスキルは正直に伝える。**

仕事のチャンスを逃さない！基本のマナー

メールの受信環境を確認しておく

派遣会社からの仕事の案内は、登録に行ったその日にその場で受ける場合もありますし、後日改めてメールや電話で受ける場合もあります。もし「後日改めて」と言われて、1週間ほど待っても連絡がないようであれば、派遣会社の担当者に自分から電話をかけて問い合わせてみるといいでしょう。**派遣社員本人からの問い合わせは、それだけ仕事に対する意欲を表すことになる**ので、派遣会社の評価が高くなります。

なお、最近は派遣会社からせっかくメールで仕事の案内をしているのに、そのメールが届かない、登録した本人もそれに気づかずにずっと待ち続けているというトラブルが時々発生しています。これは、スマートフォンや携帯電話のセキュリティ対策が厳しくなっていて、安全であると識別できないメールが送られると、すべて迷惑メールとして拒絶や削除されてしまうことが原因です。

スマートフォンや携帯電話は、設定によって、特定のアドレスからのメールを安全とみなして、正常に受信するようにできます。**派遣会社から来るはずのメールの発信元アドレスをあらかじめ確認しておき、そこから送られるメールを間違いなく受信できるように設定を変更しておく**ことも大事です。

さて、無事に仕事の案内についての連絡を受けたら、まずは「ご連絡ありがとうございます」の一言を。これもあなた自身の評価を上げる大切な心遣いです。

意思表示はしっかりと

次に、仕事の内容や条件についてしっかりチェックし、確認してください。勤務地や勤務時間、毎日の勤務ではない場合は1週間のうちの何曜日が勤務日か、いつから始まっていつ終了する仕事なのか、時給はいくらなのかといった点が主なチェックポイントです。

受け取った内容に疑問点があったり、自分が登録の際に伝えた希望と大きく異なっているという場合は、きちんと質問しておくことです。ここで疑問を解決しておかないと、仕事を始めてから納得できなくなり、仕事を続けることができなくなる可能性もあります。何事も最初が肝心。疑問点や納得できないことは、この段階ですっきりさせておくことを忘れないでください。

派遣会社としても、いい加減に受け取られるより、きちんと確認した上で質問を受けるほうが、その人の仕事への意欲を感じられていい印象をもちます。けっして迷惑がったりすることはありません。

案内された仕事について十分理解できたなら、**イエス・ノーの返事をはっきり伝えます**。この仕事は受けられないという場合も、理由を明確にした上でそう言えば、悪い印象をもたれることはありません。また、他の派遣会社からの仕事が先に決まってしまったなどの事情があるなら、その旨を告げてください。自分の意思表示をはっきりしてくれないと、派遣会社もあなたに何をしたらいいか判断がつきません。速やかに自分自身の意思決定をして、それを伝えるように心がけることです。

仕事の変更・案内不要の場合は言葉で示す

それから、派遣社員登録をしたものの、自分自身の状況が変わって派遣の仕事をする必要がなくなったとか、働く条件を変えざるを得なくなったというケースもあるかと思います。そのときはできるだけ早い時点で、自分から派遣会社に連絡を入れましょう。

派遣会社の担当者としては、自分の担当している派遣社員にはできるだけはやく働いてもらいたいというのが本音です。そのため、仕事が決まるまではたくさんの案件を案内してくる可能性もあります。あまりにも仕事の案内が多すぎて対応しきれないと感じたら、「仕事の案内はもう大丈夫です」と言ってください。

くり返しになりますが、その人から反応がなくて、何を考えているのか、いったいどうしたいのかがわからないと、派遣会社のほうでもどう対処したらいいのかがわかりません。前にも言いましたが、派遣会社はあなたの仕事探しのパートナーとなってくれる存在です。ですから**あなた自身の考えを常にしっかりと伝えること**を、いつでも忘れないようにしてほしいと思います。

POINT

- **仕事の案内が受け取れる環境であることを確認しておく。**
- **疑問点はすぐ解消し、意思表示はしっかりとする。**
- **仕事の変更や案内不要の場合は言葉で確実に伝える。**

希望すれば、職場見学も可能

不安なら実際に見てみよう

派遣会社からの情報でやってみたい仕事に出会えても、いきなり就業することに少し不安な気持ちがあれば、事前に職場見学を希望することができます。派遣会社の担当者に、「この仕事をやってみたいのですが、職場見学はできますか」と問い合わせてみましょう。またときには逆に、派遣会社のほうから「もしも不安でしたら職場見学に行ってみますか」と案内されることもあるかもしれません。

仕事が続くかどうかは、仕事の内容や様々な条件など情報で確認できることだけでなく、**実際の職場の雰囲気や自分との相性など、自分の目で確かめなければわからない**ことも大きなポイントになります。ですので、少しでも不安な際は職場見学を希望してみることも検討してみてください。

職場見学の際は、派遣会社の担当者も同行・同席してくれます。その点では安心ですが、職場内を案内したり、細かい仕事の説明を行うのは見学先企業の担当者であることもあります。そういう意味では、これから同じ職場で働くかもしれない人との初めての接触になるわけですから、それ相応の心構えや立ち居ふるまいが必要です。

この段階では、あなたはその職場のメンバーではなく、ただの見学者という「お客」です。見学先企業の方々は、そんなあなたのために仕事中の時間を割いて対応してくれることになります。就業に向けた「面接」ではないのですが、「お客として失礼であってはいけない」という気持ちで臨むぐらいがちょうどいいでしょう。

清潔感のある身だしなみ・にこやかに話そう

まずは当日、出掛ける前の準備です。服装は原則スーツ等フォーマルな服装が望まれます。「客人」として失礼があってはいけません。清潔な身だしなみが必要です。女性の場合は髪形やお化粧、ネイルの色など、**職場の雰囲気になじむ清潔感のあるスタイル**を心がけましょう。男性もネクタイ着用、髪型やひげを整えておくことも忘れずに。歯磨きやブレスケアなども大切です。

次に、職場見学の現場での注意です。面接ではないのですが、さすがに初対面同士なので、簡単に自己紹介をしたほうがいいときもあります。簡単なメモを起こした上で、長くなり過ぎず、**ポイントを押さえた自己紹介**ができるといいでしょう。

なお見学先企業の方と会話する場合は、ぜひ明るい笑顔で。「こんな人が職場にいたら、雰囲気が明るくなりそうだな」と相手に感じてもらえることは、どの職場でも通用する立派なスキルの一つです。ぜひとも心がけてほしいと思います。

それから相手の説明を聴くときは、**きちんと相手の目を見る**ようにしましょう。時にうなずきながらしっかりと話を聴いておけば、その職場で就業した際にスムーズに仕事に入ることができます。またなんらかの質問を受けたときには的確に答えておくことで就業後の人間関係もスムーズになるでしょう。言葉が足りなければぶっきらぼうな印象を与えますし、しゃべり過ぎれば要点を絞れない人という印象になります。相手の反応を確かめながら、ゆっくりハキハキと、しかし程よい長さで話をするのがいいと思います。

質問して仕事内容をしっかり理解しよう

また質問があれば、自分から「質問させていただいてもよろしいでしょうか」と申し出てもいいと思います。自分が就業するかもしれない職場です。そのために職場見学しているわけですから、疑問点はしっかりと確認しておきましょう。

職場見学に行く際は、不安や緊張を感じているかもしれません。しかし、これは「面接」ではありませんので緊張する必要はありません。ただ、見学の際に説明してくれる人は、就業した際は、一緒に仕事をする人になるかもしれません。「気持ちよく働ける人と働きたい」という気持ちはあなただけではなく誰もがもっています。

どの職場に見学に行くときでも、まずは**「お客」としていい印象を残しておきましょう**。そうすると、どの職場に就業した際でも、スムーズな人間関係から始めることができますよ。

派遣で働く上で忘れてはならない大切なこと

約束は必ず守り、メールもマナーをわきまえて返信する

いざ仕事がスタートしたら、心得ていただきたいことがいくつかあります。最も大切なのは、最初に決めた約束を守ること。特に「この仕事はいつからいつまで」と派遣期間を定めているはずですが、この**期間満了までは決められた時間、決められた日はしっかり出勤して仕事をする**ことです。それが、派遣で仕事をするための一番の基本です。

時々見受けられるケースですが、黙って仕事を途中で投げ出していなくなってしまうというのは、絶対にやってはいけません。派遣会社としては、本当は契約期間をまっとうしてほしいのですが、どうしても契約期間の途中で辞めたいということであれば相談に応じてくれます。必ず担当者に連絡を入れて話をしてください。

その他、私の会社では派遣社員に、就業開始してまもないうちは前日および当日朝に、確認連絡をメールで入れてもらうようにしています。病気やけがなどの突発的な事情で欠勤する場合にも、必ず派遣会社への連絡が必要です。

ここで、一つ注意点を挙げておきます。最近では、スマートフォンや携帯電話からメールで以上のような連絡を送ってくるケースが多いのですが、自分の名前、当社の担当者の宛名を省く人がけっこういます。友人・知人とのメールのやりとりでは、互いに相手の名前やアドレスを登録してあるので、送信者と受信者の名前をいちいち記したりはしませんが、仕事のメールはあくまでフォーマルな連絡です。「○○会社○○様」という宛名や、「現在、○○会社で就業している○○です」といった**差出人の名前を明記することが社会人としての常識**です。

派遣のお仕事５原則

それから、契約期間をまっとうするということにも深く関わるのですが、体調管理は自分の責任でしっかり行うこと。契約期間の途中で体調を崩してしまい、何日も欠勤しなくてはならなくなったり、仕事を辞めなければいけなくなると、契約期間満了まで働くという一番の基本を守れなくなります。**食事や睡眠に気をつけて健康を維持するというのも、社会人に求められる当然のスキル**です。

当社では、仕事をスタートした派遣社員に心がけてほしいことを**「お仕事５原則」**として書面にまとめています。それが次の５つです。

当社の「お仕事５原則」

①　挨拶はしっかり！
②　時間を守りましょう！
③　ルールを守りましょう！

④ **誠実就業＝日々成長！**

⑤ **健康管理にも注意しましょう！**

5番目の健康管理については今しがた述べたとおりですが、①～④についても同様に必ず守ってほしいことです。

まずは①の挨拶。私は常々、派遣社員たちには言っていますが、挨拶というのは健康管理同様、社会人の大切なスキルだと考えています。挨拶に好感を持たれるだけで、「あの人がいると職場が明るくなるね」という評価を受けて、スキルが足りない分を補ってくれることさえあります。特に「**おはようございます**」「**よろしくお願いします**」「**お疲れ様です**」「**ありがとうございます**」「**お先に失礼します**」の5つは挨拶の基本です。しっかり声に出して言うようにしましょう。

次の②と③も、社会人に必ず求められることです。時間にルーズだと、せっかくいい仕事をしていてもそれだけで信用を失くす場合もあるので、注意してください。また、ルールについても同様です。特に服装の指定や休憩時間、喫煙場所、備品の後片づけなどは職場ごとに異なるルールかと思います。仕事に入る前にしっかり確認して、周りの人に迷惑をかけないようにするといいでしょう。

働く人としてスキルをあげていく

最後に、④の誠実就業とは、文字通り誠実に仕事に取り組むということです。これは、単に指示された仕事をこなすことを指しているわけではありません。

もちろん、指示された仕事はきちんとこなしてほしいのですが、昨日より今日、今日より明日、というふうに、**よりスキルを上げていくように心がけてほしい**と考えています。スキルを上げるというのは、同じ仕事がもっと上手に正確にできるようになった、もっと速くできるようになった、といったことです。

そうすればあなた自身も仕事が面白くなりますし、日々モチベーションが上がります。派遣先企業からの評価も上がり、契約期間の更新や昇給につながることも多々ありますので、あなたの得になります。

仕事ですから、楽しいこと、楽なことばかりではなく、苦しいことや辛いことも時にはあります。それが不当なことや、理不尽なことであれば、すぐにでも派遣会社に相談すれば解決できます。そうではなくて、あなた自身のミスや力不足によって起きたことであれば、何とか乗り越えていってほしいのです。オフタイムを上手に使って、自分自身の活力になる方法を何か見つけて、仕事に邁進《まいしん》してくださることを願っています。

POINT

- **契約期間をきちんとやりとげることが信用につながる。**
- **メールもマナーをもって送る習慣をつける。**
- **働く人として成長するために、誠実にスキルアップを目指す。**

高評価、時給アップをしてもらう方法

大前春子とは働きたくない!?

第2章で、日本テレビ系のドラマ『ハケンの品格』の主人公、女優の篠原涼子さん演じる大前春子の話をしました。ドラマの中で、春子は派遣会社の特Aランクの派遣社員。スキルが誰よりも高く、仕事はスピーディーで的確。20個以上の資格をもっていて、場面に応じてそれらを柔軟に活かし、活躍する姿も鮮やかでした。

ここで触れたいのは、春子の「特Aランク」というポジションについてです。派遣会社によっては「Sランク」などとも呼ばれますが、要するに派遣社員としては最高ランクの評価を得ており、時給もほかの派遣社員より圧倒的に高いのがこのポジションです。

ところが、ドラマに出てくる春子は、職場での態度は無愛想だし、何か発言をするとなると、相手の立場も考えずに正論をズケズケと吐いて嫌われるなど、ちょっと人を苛立たせる存在です。

もちろんこれはドラマならではの演出で、回を重ねるごとに本当は人に優しい思いやりのある春子の性格や、義理がたい面が明らかになっていき、同じ職場の人にもそれが伝わっていく様子が描かれていました。しかし、最初は型破りなほど感じが悪い印象を職場で持たれます。

何が言いたいかというと、もしこの大前春子が実在していて、私の会社に派遣社員登録をしていたとしたら、とても特Aランクはつけられないなぁということなのです。せいぜい特Aの2つ下、Bランクといったところでしょうか。

ランクは職務能力＋人当たりの良さで決まる

このランクづけは、何を基準に行われるのでしょうか。いわゆるスキルの高さ、たとえばワードやエクセルを完璧に使いこなせるとか、英語の翻訳ができるとか、ＣＡＤで設計図を描けるなど、他の人は到底及ばない特技をもっていればいいのかというと、実はけっしてそうではありません。

もちろん、世の中でニーズの高い特技をもっていることは、大きなプラス要素になります。しかし春子のように無愛想でズケズケと発言し、人から疎まれるような態度を取る派遣社員は、やはり実在の世界ではスキルが高いとは言えないのです。

前にも**「こんな人が職場にいたら、雰囲気が明るくなりそうだな」と人に感じさせることが仕事の上では重要**だと述べましたが、まさに職場で派遣社員がもっとも求められるスキルとは、それではないかと考えています。具体的には、**笑顔の対応ができるとか、はきはき挨拶してくれるとか、電話の対応で相手を安心させる**とか、そういったことです。人のもっていない特技などなくても、これらの要素をもつ派遣社員は、どの企業、どの職場に派遣しても評価が高く、満足度も十分という結果になります。

もちろん、ただ愛想がいいとか、人当たりがいいとか、そういう単純なことではありません。職場を明るくできる人というのはたいてい、根本的に考えかたが前向きで、仕事に誠実に取り組み、スキルアップのために努力できます。また、周りの人への目配りもできて、必要なときにジャストタイミングで必要なことをしてくれるという信頼を勝ち取れます。そういったことの総合評価として、特AランクやSランクの評価がつくのです。

契約を更新するときは時給アップのチャンス

職場での評価が少しずつ上がれば、それに伴い、時給も少しずつ上がっていきます。たとえば2ヶ月ごとに契約を更新するという仕事であれば、2ヶ月に1度、評価をされて、その結果として時給アップのチャンスが巡ってくることになります。ぜひともそれを目標にして、**自分がどんな考えかたや態度、立ち居ふるまいをすれば周りの人**

に喜んでもらえるのかを日々考え、実践してほしいと思います。

ただし、時給アップについては、派遣会社から提案される場合もありますが、派遣社員が自分から申し出て交渉しないと、提案してもらえない場合もあります。契約の更新や、次の新しい仕事の案内というタイミングに、**自分からこれまでの成果などをアピールすることも時には必要**です。

それと、派遣会社には教育研修制度など、何らかの形でスキルアップを支援する制度が設けられています。こうした制度は、仕事のオフタイムを使う必要がありますが、積極的に活用すればその分自分に跳ね返ってきます。単に知識や技能が身につくというだけでなく、それが**自分の自信となって職場でもにじみ出てくるようになる**ので、それが人に伝わり、輝いて見えるようになるのです。

ぜひとも派遣の仕事を通して自分を磨き、仕事を充実させて、収入アップも実現してほしいと思います。そうすることが、オンタイムだけでなくオフタイムを充実させて、あなたの人生そのものを豊かにするはずです。

POINT

- 職場の人から「一緒に働きたい」と思われる人になろう。
- 仕事がいくらできても、印象が悪ければ評価は上がらない。
- 契約更新時に、派遣会社に時給アップの交渉をしてみよう。

キャリアアップ戦略をたてよう

あなたにしかできない仕事をしよう

キャリアアップという問題を考えるとき、何をもってキャリアアップとするのかということがまず重要になってくるでしょう。

経験やスキルがなく、「とにかくチャレンジします」というところから仕事をスタートした場合、まずは初心者でもできるやさしい仕事につくことになるはずです。

最初はできることも少ないし、でき上がりまでに時間もかかるので、狭い範囲の仕事しかやらせてもらえません。当然、仕事を丸ごと任されたり、責任をもたされたりすることもありません。

つまりは、誰かに頼まれた仕事を機械的にこなすことがどうしても中心になります。そこからキャリアアップしていくというのは、**できることを増やして職域を広げていくこと、メンバーをまとめたりリードするような役割まで任されるようになること**だと思います。

まずは職域を広げるために、自分が今ついている仕事に関連する別の軸のスキルを、自分自身で開拓していくことではないでしょうか。

たとえば、現在は業種、職種に関わりなく、ＩＴやＷｅｂと無縁の現場は極端に少なくなっています。

販売や営業の現場でも、Ｗｅｂサイトで商品やサービスの広告を出したり、そのサイトを通じて商品やサービスを販売することが当たり前になっています。そこで、Ｗｅｂサイトをゼロから制作するというのはその道のプロに任せるとして、そのプロたちに商品やサービスの意図とか、それを売るためにどんなサイトを制作してほしいのかを適切に伝え、ディレクションするだけの知識があれば、その人の価値は跳ね上がるはずです。

また、経理部門でも、多くの職場では会計ソフト以外に、その会社独自の管理会計用のフォーマットを使って集計をしています。経理スタッフとして、業務効率をさらによくするためフォーマットをこう改良してみてはいかがでしょうか、などの提案までできるようになれば、やはり職場で頼りにされるのではないでしょうか。

主体的になると仕事は楽しい

こうした観点から、**世の中の新しい動きには敏感にアンテナを張っておくことがとても大切**です。「自分はITやWebの業界で仕事をするわけではないから、そんなスキルは関係ない」ではなく、「自分の仕事に、今や不可欠となっているITやWebの知識が加われば、こんな工夫ができる、こんな提案もできる」と考えることで、職域はぐんと広がり、任される仕事も増えていきます。**「こういう仕事を任せるなら、**

この人しかいない」という評価になれば、職場でのポジションを上げていくこともできます。

とはいえ、現時点で仕事に直結していない領域の知識やスキルを身につけるためには、それなりの努力が必要です。派遣会社にお願いしても、さすがにそこまでの研修は受けさせてくれないと思います。

しかしそこは残業なし、休日出勤なしの派遣社員ですから、**オフタイムを有効活用**して、自分なりのキャリアアップ作戦を立ててほしいと思います。本やインターネットで新しい知識を仕入れたり、スクールで技能を身につけるのもいいでしょう。自分から主体的に学ぶ姿勢になることで、仕事もまた主体的に楽しめるようになります。

頼られる存在になるとやりがいも大きい

一方、メンバーをまとめたりリードする役割を任されるというのも、キャリアアップの一つの道です。その職場でまとまった期間働き、職場の人たちみんなから頼りにされる存在になればいいのです。

そのために何が必要かというと、**マネジメントスキル**です。派遣社員は、比較的容易にマネジメントスキルを身につけられる環境にいると思います。なぜなら、いろいろな職場の仕事のしかたを比較できるからです。そこから、どういう体制ならチームでの仕事がうまくいくのか、メンバーの人たちはどういうサポートを求めているのかといったことを、学んでいくことができます。

また、マネジメントするということは、**自分が取り組んでいる仕事が、チーム全体、部署全体、あるいは他の部署との連携も含めた大きな枠組み全体の中で、どんな役割を果たしているのかを見極める視点**が必要です。やはりいろいろな文化のいろいろな会社での仕事を体験し、比較することで、そうした視点を養うこともできます。チームとしての目的意識をもつことができるようになるというわけです。

チームのリーダーとしてのポジションを任されるようになれば、さらに高い視点から自分の仕事と、チームのメンバーの仕事を見られるようになります。そこでメンバーにも、その人、その場面に応じた的確なサジェスチョンができるようになります。

このように自分から仕事の領域を少しずつ広げていくことで、キャリアアップを実現することができるのです。今よりもっと仕事を充実させたい。モチベーションを高くしていきたい。そういう思いがあるなら、ぜひ試してみてください。

POINT

- 今の仕事にプラスの能力を身につけると、どんどん成長できる。
- オフの時間もスキルアップを怠らないようにする。
- 頼られる存在になると、やりがいの大きい仕事ができる。

派遣会社との賢いつきあいかた

お客さま感覚では成長できない

これまで何度もお話ししてきましたが、派遣会社は、あなたの仕事探しのパートナーとなる存在です。派遣会社には、派遣社員をサポートする体制がいろいろと整っているのが普通ですし、それを頼りにしてほしいと考えていますが、だからと言って**「してもらうのが当然」という態度では、良好なパートナーシップは築けません。**派遣会社とは密にコミュニケーションを取ってください。

前にも言った通り、新しい職場に出勤する際の確認連絡や、突発的に欠勤しなければならなくなったときの連絡が必要なのはもちろんですが、それ以外にも日頃からまめに連絡を取るようにするとベターです。

たとえば、私の会社では、給与を受け取った派遣社員の何人かから、「ありがとうございました。引き続きがんばります」と、わざわざお礼の連絡が入ることがあります。また、「日頃お世話になっているから」と、年末にお歳暮を送ってくる派遣社員もいます。さすがにお歳暮に関しては「何もそこまでしなくても……」という気持ちもありますが、やはり感謝の気持ちを表現されて、嫌な気がするわけはありません。

派遣会社の担当者も人間です。人材派遣事業には仕事として取り組んでいるので、けっしてふだんから派遣社員の皆さんの感謝の言葉を期待しているわけではありませんが、やはり**「ありがとう」の一言があればうれしい**ものです。次はもっとサポートしようという意欲も湧いてきます。

どうか、あなたのパートナーをやる気にさせるような言動を、日頃から心がけてほしいと思います。

トラブル・悩みはすぐ相談

それから、職場で何かあればすぐに相談してほしいというのも、私たちからのお願いです。契約以外の仕事を押し付けられる、セクシャルハラスメントやパワーハラスメントがあったというようなときは、すぐに報告・相談してほしいのです。

そうした深刻なトラブルについては後ほどもう一度くわしく説明しますので、ここではこれ以上の言及はしないでおきます。それ以外にも、ちょっとした疑問があったり、納得できないことがあるのに、職場では言いにくいということも、相談していただいて構いません。一緒に解決策を考えます。

何事も一人でかかえ込んでいたところで、すばらしい結論が出るとは思えません。そうではありませんか？　たいていの問題は、気づいたときにすぐに対処せずに、しばらく放っておいたせいでおおごとになるのです。

派遣社員にも、**「報告・連絡・相談＝ホウレンソウ」は必要**です。派遣先企業でもそれは求められると思いますが、毎日は顔を合わせない派遣会社の担当者にこそ、まめにホウレンソウをお願いしたいのです。

スキルを高めると仕事はやりやすくなる

それと、派遣会社から仕事の案内があった際、「あの仕事は嫌、その仕事も嫌」と拒絶ばかりしているようでは、なかなか仕事を決めることができません。派遣の仕事は、あなたの希望に沿って選べるのが大きなメリットですが、1から10まで何もかもがあなたの理想どおりの仕事など、そうそうあるものではありません。何もあなたがもっともこだわっている条件について譲歩しなさいと言っているわけではありません。**多少の懸念点には目をつぶり、チャレンジしてみる姿勢も必要**ということです。

先ほど、派遣会社の担当者も人間だと言いましたが、それこそ長く仕事についてくれて、実績をあげてくれている派遣社員とは、人間同士の信頼関係ができていきます。そうすれば、派遣会社としても条件のいい仕事をどんどん案内しやすくなります。

たとえば、こんなケースもあります。同じ職場で今の仕事についてもらっている限り、なかなかその人の待遇を改善できないと判断すれば、その人にはその職場を離れてもっと待遇のいい新しい仕事についてもらう。そして、その人が抜けた後に新人派遣社員を入れるというケースです。地道に評価を積み重ねようと努力している人を、私たちは絶対に大切にします。

派遣会社の利用価値があなたにとって高くなるかどうかは、あくまでもあなた次第です。**良好なパートナーシップを築けば築くほど、派遣会社の利用価値がアップします**。派遣会社と派遣社員が互いに相手を尊重し、頼りにするような関係になれば、はるかに仕事をしやすくなるでしょう。

POINT

- **派遣会社とのコミュニケーションも仕事の一部である。**
- **派遣社員にも「ホウ・レン・ソウ」は必要。**
- **派遣会社とのパートナーシップが仕事をどんどんやりやすくする。**

「派遣35歳定年説」は本当か

労働市場は変化した

「派遣35歳定年説」という言葉をご存知でしょうか。派遣の仕事は、35歳を過ぎるとなくなるという噂のことです。

これが本当か嘘かと言われれば、一概にはどちらとも言えないというのが、正直な思いです。ただ、そのうち過去の伝説となることは間違いないと私自身は思っています。その根拠をお話ししましょう。

確かに派遣の仕事はかつて、若い人向けであると言われていました。企業はこぞって20代の若手の派遣社員をほしがり、30歳を過ぎると仕事はどんどん減っていき、35歳ではほとんど仕事がなくなるのではと言われたこともありました。特別な経験とスキルとをもち、プロフェッショナルとして30代、40代を経てもなお活躍を続ける派遣社員もいましたが、ごく少数でした。

しかし、それは、**労働市場に20代の若手が数多くいた**からです。

「平成27年版 厚生労働白書」によると、日本の人口構成の変化を人口ピラミッドで見たとき、１９５０年には若い年齢ほど人口が多い、いわゆる**「富士山型」**でした。それが１９８０年になると、第２次ベビーブーム以降の出生数の減少傾向や平均寿命の延伸によって、上半分の年齢の高い層が増加して膨らみ、下半分の若い層が減少してすぼまった**「釣鐘《つりがね》型」**へと変化しています。さらに２０１４年には、団塊ジュニアの世代以降の少子化、平均寿命のさらなる延伸等によって少子高齢化がさらに進み、40代と60代に人口の山がくる**「ひょうたん型」**へと変貌を遂げています。

労働力の取り合いになっている

こうした事態を受けて、労働市場でも若い働き手がどんどん減っています。**今や労働力の中核を数の面で担っているのは、間違いなく40代**です。日本の総人口を見ても21世紀初頭より減少傾向を続けている「人口減少社会」であり、女性やシルバー層からできる限り労働力を確保しようと、政府が躍起になっている事情もうなずけます。

こうした環境では、どんな企業であっても**「20代の若い働き手が是が非でもほしい」などと言い続けることは到底無理**です。

もちろん今でも、「職場のメンバーが20代中心だから」という理由で、その職場になじむように若手の派遣社員を求める企業もあります。しかし今20代のメンバーも、いずれ確実に歳を取ります。いつまでも、「若手でなければダメ」ということも、さすがに続けられなくなるでしょう。

今はまだ移行期です。法律では一部の例外を除き、年齢によって採用・不採用を決めることは禁じられていますが、派遣社員に限らずどの雇用形態においても若手をほしがる企業が多いかもしれません。表向きには言いませんが、実際には年齢が高いからという理由で採用を断っている企業も、いまだに一部にはあるようです。

年齢で労働力を制限している場合じゃない

一方で、私が派遣業を営んでいる中では、**年齢が高いからといって必ずしも仕事につけないわけではなくなってきた**という感触もあります。30代後半は言うに及ばず、40代、50代、場合によっては定年を過ぎた60代以上でも、極端な選り好みをしなければ、働ける先は数多くなってきたように感じています。少なくとも私の会社では、年齢に関わりなく、本人と十分話し合った上で、その人にぴったり合った仕事を案内できる自信があります。

日本の少子高齢化は、これからますます加速していくと言われています。今は人口のボリュームゾーンが40代かもしれませんが、国立社会保障・人口問題研究所によって、2025年には50代になるという予想もされています。もはや若い人しか採用しない、仕事につけないなどと呑気《のんき》なことを言っている場合ではありません。**働く意欲がある中核層には、できるだけ働いてもらわなければ日本という国が立ち行かなくなる時代**に突入していると言えます。

そんなわけで、私としては「派遣35歳定年説」はそろそろきっぱり否定してもいい時期に来ているのではないかと思っています。派遣会社によっていろいろな考えかたや姿勢があるのは事実ですが、こと私の会社に限って言えば、年齢の壁を恐れずに、40代、50代の人にもまずは派遣会社に相談に来ていただきたいと考えています。

POINT

- **派遣35歳定年説はゆくゆくは過去のものになる。**
- **人口が減少する中で、労働力の取り合いが始まっている。**
- **年齢が高くなっても働ける仕事は増えている。**

正社員に誘われたら

働きかたを決めることは、生きかたを決めること

一つの職場で長く働き、実績を積み重ねることで、派遣先企業から「うちの正社員になってほしい」と請われるというのは、それほど珍しいことではありません。特に2015年9月の労働者派遣法改正を境に、こうしたケースは増えていくことが予想されています。

派遣会社としては、評価が高く信頼できる派遣社員を手放すのは何とも惜しいので

すが、その人が幸せになっていくのなら喜んで送り出そうという気持ちです。

しかし、ちょっと待ってください。第1章でご紹介した、原田房代さんのケースを思い出していただきたいのです。彼女は派遣先企業から、何度も「正社員になってほしい」という申し出を受けているのですが、そのたびに断っています。理由は、「正社員になると出勤日数が増えるのに収入が下がるから」でした。

正社員になっても仕事内容は変わらないかもしれませんが、**待遇も変わらないとは限りません**。もし派遣先企業に正社員として勤めたら、**給与を含めた待遇や労働条件、福利厚生、就業規則などがどうなるのかをしっかり確かめて、派遣社員として働いている現在の状態と十分に比べて検討した上で、本当に自分にとってプラスになる道を選択してほしい**と思います。

もし正社員になることを断って、このまま派遣社員として働きたいと望むなら、その旨を派遣会社に伝えれば、間に入ってその後も気まずくならないように上手に仲を取りもちます。その点は安心して派遣会社を頼っても大丈夫です。

派遣先企業の甘い言葉は一度疑う

中には正社員として働きたいという希望をもっている人の弱みにつけ込み、「いずれは正社員に登用するから」などという言葉で気を引いておいて、現場であれこれと無理な仕事を押しつける派遣先企業もあると聞きます。当社の取引先には幸い、今まではそういうところはありませんでしたが。

これは派遣先企業の問題というより、その職場で指揮・命令を行う役割を担っている個人に問題があるのかもしれません。**本気で正社員登用を考えている派遣先であれば、その意向を正式に派遣会社にも伝えてくる**からです。

もしあなたが、正社員として就職したいという強い希望をもちながら派遣の仕事をしているなら、職場の一個人が言う「正社員登用」という甘い言葉を鵜呑みにせずに、正式にその気があって誘ってくれているのかをきちんと見極めることも大切です。判断に困るようであれば、やはり派遣会社に相談するのが一番だと思います。

POINT

- 法改正により正社員への誘いは増える可能性がある。
- 正社員に誘われたら仕事内容や待遇をきちんと考えて決める。
- 迷ったら派遣会社に相談する。

派遣先でトラブルになった際の対処法

無理して傷つく前に相談してほしい

ここでは、派遣先企業での深刻なトラブルについての対処法をお話ししておきます。できれば起こってほしくないことですが、万一の場合に備えて、一通りの知識をもっておくことはとても大切だからです。

セクシャルハラスメントやパワーハラスメントは、その内容次第では違法行為にあたります。「せっかく得た職場だから、契約期間満了まで勤め上げたい。多少のことは我慢しよう」と考えてしまう人もいるようですが、**けっして我慢などしてはいけません**。精神的に傷つくことにより、身体まで壊してしまうこともあります。とにかくまず、すぐに派遣会社に相談してください。

派遣会社の担当者には、いつも親しく接している分、話しにくいこともあるかもしれません。セクハラやパワハラはデリケートな問題なので、派遣会社によっては専用の相談窓口を設けているところもあります。そうした窓口に相談するという方法もあります。

それから、職場の備品を過失により壊してしまった、仕事上でミスをして損害を与えてしまったというような場合も、すぐに派遣会社に相談することです。

派遣先企業の情報を漏らさない責任感をもつ

それと、最近はどの会社でも情報セキュリティの管理がとても厳しくなっているので、その点も注意が必要です。職場ごとに書類の保存や廃棄、メール、郵便物などの扱い、デスクやストレージなどの施錠、パソコンの使いかたなどに細かいルールを設けているはずです。そのルールは必ず守ること。たとえ自分が作った書類１枚であっても、**社内のものは絶対に社外へもち出さないことが肝心**です。うっかり自分の鞄に入れておいて、鞄ごと電車やタクシーの中に置き忘れたら、大変なトラブルになります。

万一そのような事態になってしまったら、それも速やかに派遣会社に報告・相談をしてください。ペナルティになることを恐れて、自分だけでこっそり処理しようなどとは絶対に考えないことです。もしあなたの軽率な行動が原因で、派遣先企業の機密情報が漏れるようなことにでもなれば、あなたは犯罪者になってしまいます。

派遣先企業の都合での途中打ち切りは違法行為

最後に、派遣先企業の都合で、契約期間の途中で仕事を打ち切られてしまう場合について触れておきます。これは明らかな違法行為なので、派遣会社とよく話し合ってください。しっかりした派遣会社であれば、**派遣先企業に翻意を促すために交渉したり、万一たとえ仕事が途中で打ち切られても次の仕事をすぐに紹介してくれたり、残りの契約期間の給与を補償してくれる**こともあります。

そんなことはあってはなりませんが、もしも派遣会社が何の対応もしてくれないようであれば、行政や、法律の専門機関に、労働問題に関する窓口を設けているところがあります。そこに相談してみるといいでしょう。

POINT

- **派遣会社は派遣社員を守ってくれる存在である。**
- **派遣先企業の秘密や情報は漏らさない責任感をもつ。**
- **途中で仕事を打ち切られても、派遣会社と相談すれば解決可能。**

CHAPTER

5

第5章

派遣のお仕事紹介

本章のマークの見方

本章では、未経験歓迎度・契約期間・求人数・昇給チャンスをわかりやすくマークで表しています。仕事選びの参考にしてください。

未経験歓迎度

難しい　少し難しい　歓迎　大歓迎

契約期間

3ヶ月　6ヶ月　1年　1年以上

求人数

あまりない　少ない　普通　多い

昇給チャンス

あまりない　少ない　普通　多い

※本章は、2016年1月時点の情報に基づいて作成しています。最新の情報はご自身でも確認されるようお願いいたします。

秘書

未経験歓迎度	1年	求人数	昇給チャンス	めやす時給
				1,600円

どんな仕事？

企業のトップや部署に所属し、来客応対はもちろんスケジュール管理、会議準備、書類作成などのサポートを行う仕事です。PC スキルやビジネスマナーは必須で、細やかな心配りと臨機応変に対応できる力が求められます。法律知識・語学力が求められる場合もあります。

あると有利なスキル

- ビジネスマナー
- コミュニケーション力
- スケジュール調整力
- 臨機応変な対応力
- 基本的な PC スキル
- 秘書検定

キャリアアップ

社内外のたくさんの人と関わるので、ビジネスマナーやコミュニケーション能力、判断力や臨機応変に対応できる力がしっかりと身につきます。一般企業で経験を積み、語学力を身につけて外資系企業の秘書や、弁護士や医師などの専門職の人をサポートする秘書へとステップアップすることが可能です。

受付

めやす時給
1,300円

どんな仕事？

「会社の顔」として企業に来訪したお客さまへの案内、代表電話への応対、会議室予約などをする仕事です。企業のほかに施設・病院などでの求人も増えており、活躍の場は広がっています。企業内の部署や人員配置を熟知していることが必要で、英語ができると有利です。

あると有利なスキル

- ビジネスマナー
- コミュニケーション力
- 笑顔
- 臨機応変な対応力
- 基本的な PC スキル
- 秘書検定

キャリアアップ

経験を積むことで、臨機応変に対応できる冷静さや高いビジネスマナーが身につきます。外国語を身につければ、外資系企業の受付としても活躍できます。秘書・一流ホテル・百貨店など他業種のサービス業へ転職することも可能です。未経験でも、人と接する仕事をしていた経験がある人はアピールできます。

一般事務

めやす時給
1,200円

どんな仕事？

企業や団体において、文書の作成・データ集計・来客応対・電話応対などを担当し、周囲のサポートをする仕事です。日常的にパソコンを使うのでエクセル・ワードが使えることが必須条件になります。誰かのサポートをしたい人や細かな気配りができる人が向いています。

あると有利なスキル

- **基本的な PC スキル**
- **ビジネスマナー**
- **コミュニケーション力**
- **協調性**
- **正確性**
- **情報収集力**

キャリアアップ

パソコンで素早く事務作業ができるようになることに加え、ビジネススキルが身につきます。英語のスキルを磨いて英文事務、経理の資格を取得して経理事務、金融の知識を身につけて金融事務などにキャリアチェンジが可能です。プラスアルファの特技を身につけるとステップアップしやすくなります。

営業事務

未経験歓迎度 | 1年 | 求人数 | 昇給チャンス | めやす時給 1,300円

どんな仕事？

企業の営業部門において、書類作成・受発注・在庫管理・電話応対・来客応対などを担当し営業職のサポートをする仕事です。パソコンで請求書や資料などの作成を行うため、エクセルやワードの操作スキルは必須です。マーケティングや企画の仕事を任される場合もあります。

あると有利なスキル

- **基本的なPCスキル**
- **ビジネスマナー**
- **コミュニケーション力**
- **臨機応変な対応力**
- **協調性**
- **情報収集力**

キャリアアップ

未経験者も挑戦しやすい仕事で、営業事務で身についたスキルは多くの事務系職種で役立ちます。周囲の人と連携して働くので、スムーズに業務が進むよう全体を見ながら行動する力が身につきます。営業事務の経験の上に英語・経理の知識を身につければ国際事務や経理事務に挑戦することも可能になります。

経理事務

未経験歓迎度　1年　求人数　昇給チャンス

めやす時給 **1,500円**

どんな仕事？

企業の経理部門において、請求書作成・経費の精算・伝票処理・月次計算・売掛・買掛金管理など、お金の出入りを管理する仕事です。総務などと兼務する場合が多く、決算や税務申告書類作成なども担当します。外資系企業では英語を使って経理事務を行う場合もあります。

あると有利なスキル

- **基本的な PC スキル**
- **簿記資格（2 級以上）**
- **正確性**
- **注意力**
- **英語力（外資系企業）**
- **税法、会社規定の理解**

キャリアアップ

企業のお金の流れや経済の知識を深めることができます。専門性を高めるなら、税理士や公認会計士を目指すと良いでしょう。外資系や海外で経理の仕事をしたい場合は、TOEIC700 点以上の取得を目指しましょう。国際会計基準を身につけたり、USCPA（米国公認会計士）を目指すのも良いでしょう。

金融事務

めやす時給
1,400円

どんな仕事？

銀行・証券会社などでは、窓口業務で口座開設や各種申し込みの受付・入金・データ入力・電話応対・顧客への説明や販売をします。また保険会社では、生命保険や損害保険商品に関する書類の作成、お金の処理、顧客が契約・期間終了するまでのサポート業務を担当します。

あると有利なスキル

- **コミュニケーション力**
- **提案力**
- **ビジネスマナー**
- **基本的な PC スキル**
- **経済情勢への関心**
- **証券外務員や FP の資格**

キャリアアップ

金融商品に関する商品知識や、顧客への提案力が身につきます。ファイナンシャルプランナー、投資顧問事務、信託銀行事務へのステップアップが可能です。また語学力を身につけて外資系の銀行で活躍することもできます。紹介予定派遣での求人もあり、派遣から正社員を目指す人もチャンスがあります。

広報・宣伝

めやす時給
1,600円

どんな仕事？

企業・商品・サービスなどに関する情報をメディアを通して発信することで、イメージ向上や売上向上につなげる仕事です。事故・リコール・クレームに対する謝罪や対応も仕事の一つになります。社内外の人と接することが多いので、コミュニケーション力が求められます。

あると有利なスキル

- コミュニケーション力
- プレゼンテーション力
- 情報収集力
- 基本的な PC スキル
- 臨機応変な対応力
- DTP スキル

キャリアアップ

販売促進を行うためのノウハウが身につくので、将来的には営業・経営・販売など幅広い職種へのステップアップが可能です。プレゼン等で、自分の考えをわかりやすく相手に伝えられる力が身につく仕事です。未経験からでも挑戦でき、また紹介予定派遣も増えているので正社員になるチャンスもあります。

通訳・翻訳

めやす時給
1,600円

どんな仕事？

通訳は、異なる言語の話者のあいだに立ち、お互いの意思疎通をはかるために言語を変換して伝える仕事です。主に商談・会議・プレゼンの場で活躍します。翻訳は海外の文章を日本語に訳したり、日本語の文章を海外の言語で表現する仕事で、契約書や書類の作成などを行います。

あると有利なスキル

- **語学力（TOEIC900点～）**
- **異文化理解力**
- **コミュニケーション力**
- **ねばり強さ**
- **基本的なPCスキル**
- **ビジネスマナー**

キャリアアップ

語学力はもちろんのこと、表現力や異文化の理解に加え携わる業界の専門知識が深まります。スキルを磨けばフリーランスとして独立して働いたり、在宅で働くことも可能になります。近年はアジア系言語のニーズが高まっています。未経験の場合は通訳者や翻訳者を養成する学校に通うと良いでしょう。

貿易事務

めやす時給
1,600円

どんな仕事？

輸出と輸入に分かれ、通関手配・書類作成・関税・消費税納付、商品の管理などを行う仕事です。貿易用語や専門知識が必要になることはもちろん、海外の企業とやりとりするのである程度の英語の読み書きができることが必要です。商社などを中心にニーズが急増しています。

あると有利なスキル

- **英語力（TOEIC600点～）**
- **貿易に関する知識、資格**
  （通関士／貿易実務検定 ®）
- **スケジュール調整力**
- **コミュニケーション力**
- **基本的なＰＣスキル**

キャリアアップ

未経験の場合はアシスタントから始め、経験を積みながら通関士の資格を取得しキャリアアップを目指すと良いでしょう。実務経験で貿易や海外事情に関する知識に磨きがかかります。貿易事務のスペシャリストを目指すのはもちろん、英語力を磨くことで英語を使った他職種への挑戦も可能になります。

人事労務

めやす時給
1,500円

どんな仕事？

会社や組織内で、社員が働きやすいように職場環境を整える仕事です。社員の採用、社会保険にまつわる事務や、給与、教育研修などを取り仕切るのが主な仕事です。個人情報を多く取り扱うので、機密を守る責任感や細かい処理を根気よく丁寧にできる力が必要になります。

あると有利なスキル

- **コミュニケーション力**
- **基本的なPCスキル**
- **ルール、秘密を守れる**
- **法務知識や簿記の知識**
- **スケジュール調整力**
- **情報収集力**

キャリアアップ

経験で得たコミュニケーション力が強みになるので、経験を活かしてキャリアコンサルタントなどの人材ビジネスの仕事を目指す道もあります。仕事の成果が目に見える形で現れることがあまりないので、自身でしっかりと目標を持ち幅広く仕事をこなす力を身につけることがキャリアアップにつながります。

データ入力

めやす時給
1,100円

どんな仕事？

データ入力は、数字や文字などのデータを入力しまとめる仕事です。入力する内容やフォーマットはさまざまで、正確さと速さが求められます。アクセスやパワーポイントを使えると仕事の幅が広がります。オフィスワークの中では、短時間だけ働きたい人に向いている仕事です。

あると有利なスキル

- 基本的なPCスキル
- 正確性
- タッチタイピング
- 集中力
- ねばり強さ
- 注意力

キャリアアップ

経験を積む中で高い事務処理能力が身につけば、一般事務などの事務系職種に挑戦することができます。ワード・エクセル・アクセス・パワーポイントといったオフィス系ソフトの操作スキルに加え、英語や経理の知識や資格を身につければ、営業事務や国際事務、経理事務として働くことも可能になります。

アウトバウンドコール

めやす時給
1,500円

どんな仕事？

こちらから顧客へ架電し、商品やサービスの案内をする仕事です。セールスを行うテレアポや、調査を行うテレマーケティングがこの仕事になります。日々の目標が明確で、ノルマを達成したりインセンティブを受け取ってどんどん稼ぎたい人に向いている仕事といえます。

あると有利なスキル

- ビジネスマナー
- コミュニケーション力
- 臨機応変な対応力
- 接客経験
- 基本的な PC スキル
- コンタクトセンター検定

キャリアアップ

相手の顔が見えない仕事になるため、美しい言葉づかいやマナーが身につきます。マネジメント力をつけ、リーダー・スーパーバイザー・マネージャーなどのポジションを目指せます。また商品の良さをわかりやすく伝えるプレゼン力が身につくので、販売や営業職の仕事でも活躍できる可能性があります。

インバウンドコール

めやす時給
1,300円

どんな仕事？

コールセンターにおいて、顧客から問い合わせや注文・クレームを電話で受け付ける仕事です。受けた電話の内容をきちんと理解し、最適な提案をしなければならないので確かな商品知識が必要になります。いろいろな人から電話がかかってくるので、冷静に対応できる力が必要です。

あると有利なスキル

- ビジネスマナー
- コミュニケーション力
- 臨機応変な対応力
- 基本的な PC スキル
- 冷静さ
- コンタクトセンター検定

キャリアアップ

相手の顔が見えない電話やパソコンでの仕事になるため、言葉づかいやビジネスマナーが身につきます。また、相手の話をしっかりと聞き最適な提案を選ばなければならないので接客スキルが磨かれます。実務経験を積むことで、スーパーバイザー・マネージャーへとステップアップすることができるでしょう。

スーパーバイザー

めやす時給
1,700円

どんな仕事？

テレマーケティング業界の現場で、業務のマネジメントから人員のシフト管理、クレーム対応、人員の教育までを行う仕事です。業界の経験や知識だけではなく、効率的な運営をするためのマネジメント力が求められます。未経験者はコールオペレーターから始めると良いでしょう。

あると有利なスキル

- **コミュニケーション力**
- **マネジメント力**
- **リーダーの経験**
- **ビジネスマナー**
- **臨機応変な対応力**
- **基本的なPCスキル**

キャリアアップ

経験を積んでマネジメント力を養うことで、キャリアアップが可能です。人をマネジメントする仕事なので他業種のマネジメント職や人材教育の仕事でも活躍できます。一般的には未経験者はコールオペレーターで経験を積み、リーダー・スーパーバイザー・マネージャーとしてステップアップします。

イベントスタッフ

めやす時給
1,200円

どんな仕事？

コンサート・セミナー・展示会・新商品プロモーションなどのイベントで、会場を設営したり、当日の運営スタッフとして動き回る仕事です。イベントを目標の日に予定通りに開催し成功させるために、たくさんの人と協力しながら仕事をできる人が向いています。

あると有利なスキル

- **コミュニケーション力**
- **マネジメント力**
- **企画力**
- **ホスピタリティ**
- **体力**
- **臨機応変な対応力**

キャリアアップ

季節や場所によってさまざまな募集があります。働く場所によっては高いマナーや商品知識が求められるので、接客スキルが磨かれます。イベント企画のチャンスをもらえたり、イベントを仕切らせてもらうこともあります。販売や企画営業の仕事でも、この経験を活かして働くことができるでしょう。

接客スタッフ

めやす時給
1,200円

どんな仕事？

ブランドの店舗やカウンターなどで、顧客に商品を販売したりアドバイスをする仕事です。販売するものはアパレル・コスメ・食品などいろいろあります。それぞれの顧客の好みに合わせて商品の提案やアドバイスをしたり、人に喜んでもらうのが好きな人が向いています。

あると有利なスキル

- **コミュニケーション力**
- **笑顔**
- **提案力**
- **ホスピタリティ**
- **基本的な PC スキル**
- **店頭販売の経験**

キャリアアップ

接客スキルが身につくことはもちろん、顧客一人ひとりに合わせた細やかな提案ができるようになります。リーダーやマネージャーへのキャリアアップを目指すほか、実績をあげれば他業界の営業職・販売職・カウンセリングの仕事などでも活躍することができるので、挑戦するのも良いでしょう。

家電・モバイル店員

めやす時給
1,500円

どんな仕事？

店頭で顧客の要望を聞いて、家電や携帯電話を紹介し買っていただくお仕事です。類似商品・新商品など豊富な商品・業界知識を身につけ提案する力が必要になります。店舗と顧客に応じた専門性が必要になり、高度なコミュニケーション力、提案力などが求められます。

あると有利なスキル

- **コミュニケーション力**
- **IT 関連の知識や資格**
  (家電製品アドバイザー／販売士)
- **提案力**
- **ビジネスマナー**
- **分析力**

キャリアアップ

新商品が次々と発売されるので、業界知識や商品知識を常に増やしていく努力が必要になります。新製品が次々登場する分野での経験と知識は、IT 関連でキャリアを積みたい人には役立ちます。店長やマネージャーを目指すほか、管理者や経営者をめざす場合は販売士の資格をとると良いでしょう。

ラウンダー

未経験歓迎度	6ヶ月	求人数	昇給チャンス	めやす時給
				1,300円

どんな仕事？

販売店を巡廻して自社商品の展示方法や売上数の確認、販売促進のためのイベント・プロモーションの企画などを実施する仕事です。顧客の抱えている問題点を分析し、問題点に対してどのような解決方法が良いか、アイディアがたくさん思いつくような人が向いているでしょう。

あると有利なスキル

- コミュニケーション力
- ビジネスマナー
- 提案力
- 分析力
- 基本的な PC スキル
- 普通自動車第一種免許

キャリアアップ

顧客と毎日接するのでコミュニケーション力が養われるとともに、問題点を分析して解決策を提案するため、効果的に伝えるプレゼンテーション力が身につきます。顧客の問題点と日々向き合うことで新商品の開発につなげることができたり、他業界の営業職や企画職などでも活躍できるでしょう。

法人営業

めやす時給
1,600円

どんな仕事？

会社の顔として自社の商品やサービスを企業や組織相手に提供したり、最適な解決策を提案していくことで顧客の問題を解決し信頼関係を築いていく仕事です。個人相手の営業よりも売上が大きいことが多く、戦略を練って受注を獲得した時には大きな達成感がある仕事です。

あると有利なスキル

- **コミュニケーション力**
- **ビジネスマナー**
- **提案力**
- **分析力**
- **基本的な PC スキル**
- **普通自動車第一種免許**

キャリアアップ

コミュニケーション力が養われるとともに、情報収集能力やニーズに応える企画力や提案力が養われ、幅広い業界で役立つスキルが身につきます。組織における営業のスペシャリストや管理職として進むほか、提案営業や企画営業の経験を活かして企画職や人材教育の仕事でも活躍することができます。

ホールスタッフ

めやす時給
1,000円

どんな仕事？

レストラン・カフェ・居酒屋などの飲食店において、お客様からの注文をとり料理をテーブルまで運ぶ仕事です。ホールスタッフと厨房スタッフの両方を担当する場合もあり、簡単な調理補助や清掃なども行います。料理や飲み物を熟知し、笑顔で接客できる人が向いています。

あると有利なスキル

- **コミュニケーション力**
- **笑顔**
- **接客マナー**
- **効率的に動く力**
- **洞察力**
- **接客経験**

キャリアアップ

基本的な接客マナーに加え、注文が重なると複数の作業を同時にこなさなければならないため、効率よく動く力が身につきます。また、料理を提供することを通してお客様を楽しませるおもてなしの姿勢が磨かれます。将来飲食業界でのキャリアアップや独立を目指す人は、これらの経験は大きく役立ちます。

厨房スタッフ

めやす時給
1,200円

どんな仕事？

レストラン・カフェ・居酒屋などの飲食店において、簡単な調理や調理補助を行う仕事です。顧客からの注文を受けると、決められた料理を手順にそってつくり、提供する仕事です。料理をつくる他に、食器を洗うことや調理場所の清掃、調理器具のメンテナンスも業務に含まれます。

あると有利なスキル

- 効率よく動く力
- コミュニケーション力
- 調理経験
- 衛生管理力
- 協調性
- 調理師免許などの資格

キャリアアップ

基本的な調理の技術や道具の使い方に加え、注文が重なると複数の作業を同時にこなすため、効率よく動く力が身につきます。お店の味を自分で再現できる楽しさや、どのような料理や盛り付けがお客様に喜ばれるのかを身近で感じることができるので、将来自分の店を持ちたい人には大切な経験になります。

レジカウンター

未経験歓迎度

3ヶ月

求人数

昇給チャンス

めやす時給
1,000円

どんな仕事？

レジの仕事は、顧客の購入する商品のバーコードを読み取って合計金額を算出し、その金額のお金を受けとる仕事です。扱っている商品の知識に加え、速く正確に作業をする力が求められます。店舗によっては商品陳列や入れ替え作業、キャンペーンに付随した作業があります。

あると有利なスキル

- **接客マナー**
- **正確性**
- **迅速性**
- **コミュニケーション力**
- **判断力**
- **注意力**

キャリアアップ

正確に金銭の授受をし、テキパキと作業をする力が身につきます。季節・キャンペーン・場所によってさまざまな募集があり、働く場所によっては支払方法が複雑であったり、深い商品知識を求められる場合もあります。経験を積むことで接客スキルが磨かれ、営業や販売の仕事でも活躍できるでしょう。

ブライダル

めやす時給
1,200円

どんな仕事？

顧客と一緒になって結婚式を作りあげていくとともに、演出や進行の手伝いをする仕事です。未経験者にも挑戦しやすい仕事で、最初は受付事務や食事の際に料理を運ぶ仕事をこなします。人生の節目の大切な時間を演出する仕事なので、顧客と丁寧に向き合う接客力が必要です。

あると有利なスキル

- **コミュニケーション力**
- **接客マナー**
- **提案力**
- **企画力**
- **ウエディングプランナーなどの資格**

キャリアアップ

長い時間をかけて顧客と向き合うので、接客力や提案力が磨かれます。ブライダルコーディネーターやウエディングコーディネーター、フラワーコーディネーターなどの資格を取得すると、更に深く演出や進行に関わることができます。専門職を目指すほか、他業種の接客業でもこの経験は活かせるでしょう。

エステサロン

めやす時給
1,200円

どんな仕事？

皮膚や人体に関する専門知識をもって脱毛や肌のケアなどを行い、顧客にアドバイスをする仕事です。体に触れる仕事のため、専門知識と技能が必要になります。学校で基礎を学んでから実務でスキルを磨きます。未経験者でも研修を通して技術を身につけることができます。

あると有利なスキル

- **コミュニケーション力**
- **美容に関する専門知識**
- **提案力**
- **分析力**
- **衛生管理力**
- **エステに関する資格**

キャリアアップ

経験を積むことで美容に関するさまざま知識やノウハウが身につきます。常に顧客の見本となるような体型や肌の美しさを維持しなければならないので、自己コントロール力も養われます。組織でマネージャーなどのポジションを目指すほか、人脈と技術を身につけ独立することも可能になるでしょう。

ヘアサロン

未経験歓迎度　1年以上　求人数　昇給チャンス

めやす時給
1,200円

どんな仕事？

顧客の要望の通りに髪をカットしたりカラーリング・パーマ・トリートメントなどを行う仕事です。業務を行うには美容師免許が必要になります。トレンドや美容に対することに敏感で、顧客がサロンでリラックスできるようなおもてなしやコミュニケーション力が求められます。

あると有利なスキル

- 美容師免許
- コミュニケーション力
- 提案力
- 分析力
- 美容に関する意識
- 洞察力

キャリアアップ

下積みの期間は実務を通して接客力を学ぶことはもちろん、先輩から技術を教わり成長していきます。髪型のトレンドや美容技術は日々進歩しケア用品もたくさん出るので、どれが顧客にとって良いかを見極め、提案ができると信頼を得ることができます。実力をつければ将来自分でお店を持つことも可能です。

インストラクター

めやす時給
1,200円

どんな仕事？

勉強・スポーツ・楽器・パソコンなどのさまざまな分野において、利用者に対してわかりやすく教える仕事です。利用者が安全で効率的に学べることを考えることはもちろん、利用者の相談に乗るなどして利用者が心身ともに快適に学べる環境を整えるのも仕事のひとつです。

あると有利なスキル

- **コミュニケーション力**
- **コーチングスキル**
- **分析力**
- **笑顔**
- **共感力**
- **各分野の知識、資格**

キャリアアップ

経験を積むとその分野に詳しくなることはもちろん、顧客のニーズを直接感じることができるので、経験を活かしてその分野の商品開発の仕事に挑戦することも可能です。またリーダーを経てマネジメント職を目指すか、人をサポートする人材育成や人事の仕事にキャリアチェンジしても良いでしょう。

キャビンアテンダント・グランドスタッフ

めやす時給
1,600円

どんな仕事？

飛行機内で顧客にサービスを提供するのがキャビンアテンダントで、空港内の搭乗ゲートでの案内・手続き業務・荷物の確認などの顧客対応を行うのがグランドスタッフです。快適で安全な旅ができるよう気配りをすることに加え、外国語の知識やマナーも必要な仕事になります。

あると有利なスキル

- ビジネスマナー
- コミュニケーション力
- 臨機応変な対応力
- 英語力（TOIEC600点～）
- 基本的なPCスキル
- 体力

キャリアアップ

日々国内外の多くの人と接するため、高いビジネスマナーとコミュニケーション力が身につきます。キャビンアテンダントは未経験では挑戦しづらい職種ですが、グランドスタッフとして就職してからキャビンアテンダントになったという人もおり、航空業界で働きたい人は挑戦すると良いでしょう。

バスガイド

未経験歓迎度

1年以上

求人数

昇給チャンス

めやす時給
1,400円

どんな仕事？

観光バスや貸切バスに同乗し、マイクを通して車窓から見える観光地や地名の由来などを説明しながら、乗客の乗降の案内を行う仕事です。快適で安全な旅ができるよう気配りをすることに加え、運行コースにそった案内をするための観光知識を習得することも必要な仕事です。

あると有利なスキル

- ビジネスマナー
- コミュニケーション力
- 臨機応変な対応力
- 観光に関する知識
- 安全に関する知識
- 体力

キャリアアップ

経験を積む中で、多くの人と接するため高いビジネスマナーとコミュニケーション力が身につきます。また「北関東や東海地方は任せて」などと自身の得意コースを持てば、長く働くことができます。宿泊出張もありますが、育児休暇の後に復職したり、家事や子育てとの両立も可能な仕事になります。

旅行（旅行事務・添乗員）

めやす時給
1,300円

どんな仕事？

旅行事務は顧客の旅に関する要望を聞きながら、カウンターや電話を通して旅行の案内や受付、交通手段や宿などの各種手続きを行う仕事です。それに対し、添乗員は旅行に必要な予約や手配・変更を行い旅程を管理するほか、顧客とともに旅行に同行し案内をすることもあります。

あると有利なスキル

- **コミュニケーション力**
- **臨機応変な対応力**
- **スケジュール調整力**
- **旅行関連知識や資格**
（旅程管理主任者 / 旅行業務取扱管理者）

キャリアアップ

天候や顧客の状況により予定が変更になると対応しなければならないので、リスクヘッジや対応力が身につきます。経験を積んだうえで、国内旅行業務取扱管理者や総合旅行業務取扱管理者の資格をとると、ツアープランナーなどの企画の仕事が目指せるなど、旅行業界でのキャリアアップにつながります。

介護福祉士・ヘルパー

未経験歓迎度 / 1年以上 / 求人数 / 昇給チャンス

めやす時給
1,200円

どんな仕事？

高齢者の食事介助に加え、寝具や衣服の洗濯・おむつ交換・入浴介助・レクリエーションなどを行う仕事です。高齢者のお宅を訪問してサービスを行うホームヘルパー（訪問介護員）や、介護施設でサービスを行う介護職員に分けられます。無資格・未経験でもチャレンジできる業界です。

あると有利なスキル

- **ホスピタリティ**
- **コミュニケーション力**
- **体力**
- **判断力**
- **注意力**
- **介護関連の資格**

キャリアアップ

高齢者の体に負担をかけず介助ができる力や、言葉の裏にある気持ちをくみとる力が身につきます。実務経験を積み資格をとると、要介護者の介護計画をつくるケアマネージャーとして働くことが可能になります。また、介護施設における介護長・施設長を目指したり、働きながら看護職を目指す人もいます。

保育士・養護教諭・幼稚園事務

めやす時給
1,200円

どんな仕事？

保育士は小学校入学前の未就学児を預かり、子どもの心身を成長させるためのサポートをする仕事です。養護教諭は「保健室の先生」として応急処置や学校の衛生管理、健康相談を担当します。また幼稚園事務は書類作成や保護者対応、経理業務や先生方のサポートをします。

あると有利なスキル

- コミュニケーション力
- 責任感
- 笑顔
- 基本的な PC スキル
- 保育士免許（保育士）
- 養護教諭免許状（養護教諭）

キャリアアップ

専門性を深めたい場合は発達心理学やカウンセリングなどを学ぶと良いでしょう。社会福祉士資格を取得し主任や園長を目指したり、臨床心理・児童福祉士などを取得して他職種へ転職する道もあります。英語学習の低年齢化に伴い、英語を教えることができるようになれば更なるステップアップが可能です。

看護師・准看護師

めやす時給
1,800円

どんな仕事？

看護師は医師の指示に従い、点滴・注射・患者さんへの問診・食事補助などの患者さんのケアを行う仕事です。准看護師の業務は、看護師のサポート業務になります。患者の健康の変化に気づき、患者の家族とコミュニケーションをとったり心配りが必要とされる仕事です。

あると有利なスキル

- **看護師免許**
- **ホスピタリティ**
- **コミュニケーション力**
- **洞察力**
- **責任感**
- **衛生管理力**

キャリアアップ

看護師として最初の数年は技術の習得と知識の習得が重視されます。ブランクがあっても研修制度を利用して復帰できることが多く、女性には働きやすい仕事といえます。紹介予定派遣として直接雇用になることが前提で派遣されることが多いため、再就職の手段としても活用されています。

医療事務・病院受付

めやす時給
1,200円

どんな仕事？

医療機関において医療がスムーズに進むよう事務作業を行い、現場の人をサポートする仕事です。患者応対や会計に加え、カルテの管理や手続きを行います。几帳面で人当たりの良い人が向いています。歯科医院や調剤薬局でも活躍できたり、女性に人気の職種になります。

あると有利なスキル

- コミュニケーション力
- ホスピタリティ
- 基本的な PC スキル
- 正確性
- ビジネスマナー
- メディカルクラーク®

キャリアアップ

資格よりも経験が重視される職種なので、未経験でも積極的に就職活動をしたり働きながら資格取得をしてステップアップすると良いでしょう。医療事務に関する資格は多数ありますが、最初は医科医療事務管理士®技能認定試験に合格し、最終的に診療報酬請求事務能力検定の合格を目指しましょう。

薬剤師

未経験歓迎度	6ヶ月	求人数	昇給チャンス	めやす時給
				1,300円

どんな仕事？

医師が発行した処方箋にしたがって薬を調合したり、新薬開発の研究をする仕事です。患者さんに薬を飲むタイミングや飲み方を指導する服薬指導も行います。調剤を間違えれば命に関わる危険性があるので責任も重く、常に注意力を保ちながら丁寧に仕事をする力が必要です。

あると有利なスキル

- **薬剤師免許**
- **コミュニケーション力**
- **正確性**
- **注意力**
- **集中力**
- **基本的なPCスキル**

キャリアアップ

薬に関する幅広い知識や技術が身につきます。ステップアップのために管理薬剤師の資格取得を目指す人もいます。調剤薬局や病院は全国にあるので、引越しても就職しやすくなっています。紹介予定派遣として直接雇用になることが前提で派遣されることが多く、再就職の手段としても活用されています。

軽作業スタッフ

めやす時給
1,000円

どんな仕事？

倉庫や工場において商品の仕分け、検品・ピッキング（商品を詰める）・梱包・ラベル貼りなどをする仕事です。アパレル商品、日用品、食品など会社によって扱う商品は異なります。商品の品質を目で見てチェックする場合もあり、責任感が必要とされる仕事になります。

あると有利なスキル

- 手先の器用さ
- 正確性
- 体力
- 集中力
- 注意力
- 効率的に動く力

キャリアアップ

ルーティーンワークを長く続けられる忍耐力に加え、速く正確に作業できる力が身につきます。立ち仕事も多いので体力がつき、健康な生活を送ることができるでしょう。現場で経験を積みながらたくさんの人と関わり、スタッフをマネジメントできると、リーダーを目指すことができます。

フォークリフト

めやす時給
1,200円

どんな仕事？

工場内などにおいてフォークリフトを操作して重い荷物を所定の位置に運ぶ仕事です。立って動かす「リーチフォークリフト」､座って動かす「カウンターバランスフォークリフト」などがあります。仕事自体はとても単純ですが、扱う荷物に対して細心の注意が求められます。

あると有利なスキル

- **フォークリフト免許**
- **注意力**
- **集中力**
- **運転技術**
- **手先の器用さ**
- **体力**

キャリアアップ

限られたスペースの中で、安全に効率よく操作する技術が身につきます。積載荷重が１トン未満のものを扱う場合には特別教育、１トン以上になると更に運転技能講習が必要です。幅広い積載量を扱えるようになるために、免許を取得すると良いでしょう。職場によっては資格手当がつく場合もあります。

ライン工

めやす時給
1,200円

どんな仕事？

メーカーの工場などにおいて、製品や部品などの組立・加工・機械オペレーションをする仕事です。機械だけではなく食品、衣料品など業種は広くあります。それぞれの担当が与えられ、全体で一つの製品を作っていく作業になります。未経験からでも挑戦しやすい仕事です。

あると有利なスキル

- **手先が器用**
- **各専門知識**
- **集中力**
- **注意力**
- **責任感**
- **体力**

キャリアアップ

製品に関する知識や技術を身につけることができます。業務によっては、電気・ガス・危険物を扱う専門の免許・資格の取得も目指せ、手に職をつけることができます。経験を積んで現場のリーダーや生産・品質管理職を目指すほか、製造業で役立つ技術や資格を取得すれば、他の業種への転職も可能です。

職人工

未経験歓迎度　1年以上　求人数　昇給チャンス

めやす時給
1,500円

どんな仕事？

工場などにおいて、流れ作業ではできない特殊な加工や技術ほどこして製品をつくる仕事です。将来職人として専門的な技術を習得して極めていきたい人や、じっくり一つのことに取り組みたい人が向いています。伝統的な技術を後世に継承していく大切な仕事になります。

あると有利なスキル

- **手先の器用さ**
- **集中力**
- **注意力**
- **洞察力**
- **忍耐力**
- **探究心**

キャリアアップ

職人として一つの技術を極めて行くことになります。1日・2日では簡単に習得できないことでもありますが、徐々に体と感覚で覚えていきその道のプロになることができます。モノづくりを極めたい、自分にしかできない技術を身につけて働きたい人にとっては、大変やりがいのある仕事です。

CAD設計

めやす時給
1,500円

どんな仕事？

電気・電子機器・機械・建築などの分野において、顧客の要望を聞いて企画を立ちあげ、コストの計算からCADでの設計までを行う仕事です。最近ではCADオペレーションも兼ねる人も多くなっています。顧客や色々な人と関わるのでコミュニケーションスキルも求められます。

あると有利なスキル

- **コミュニケーション力**
- **スケジュール調整力**
- **CADの操作スキル**
- **CAD設計に関する資格**
（CAD利用技術者試験／機械設計技術者試験）

キャリアアップ

資格を持っていても未経験者は少し挑戦しづらい仕事かもしれません。アシスタントとして始めて、実務経験を積みながら資格の取得やスキルアップを目指す人も多く、実力がつけば独立の道も開けるでしょう。2Dから3D CAD使用へ移行する動きもありますが、両方を使いこなせることが望ましいでしょう。

CADオペレーター

未経験歓迎度 | 1年以上 | 求人数 | 昇給チャンス | めやす時給 1,200円

どんな仕事？

工業製品からアパレルの分野まで幅広い業界において、与えられた設計図をCADのシステムを使ってシミュレーションしたり、図面にしていく仕事です。CADが使えることに加え、各専門領域の設計に関する知識とスピード、納期を考えてコツコツ作業をする力が求められます。

あると有利なスキル

- **CADの操作スキル**
- **スケジュール管理能力**
- **集中力**
- **CADオペレーションの資格**
  （CAD利用技術者試験）
- **集中力**

キャリアアップ

未経験者は最低限メジャーなCADソフトを使えるスキルが必要です。CADソフトを使いこなすことができるようになると、より高度な仕事に挑戦することができます。実務経験を積み、製図や設計のスキル設計や3DCADの勉強をするなど、専門性を極めるとキャリアアップができるでしょう。

ドライバー

未経験歓迎度 ｜ 1年以上 ｜ 求人数 ｜ 昇給チャンス ｜ めやす時給 1,500円

どんな仕事？

トラックや自動車で荷物を指定先された場所へ届けたり、荷物を引き取りに行く仕事です。完成した製品や材料を目的地まで安全に届ける運転技術と責任感が求められます。決められたルートを回って荷物を届ける配送や、各個人宅へ荷物を届ける配達の仕事があります。

あると有利なスキル

- **中型、大型自動車免許**
- **注意力**
- **集中力**
- **責任感**
- **体力**
- **コミュニケーション力**

キャリアアップ

経験を積むことで安全に運転する技術が身につき、道にも詳しくなります。届け先の人や同業者の人とも接するので、コミュニケーション力や情報収集力も磨かれます。中型自動車運転免許・大型自動車運転免許を取得して運転の幅を広げたり、タクシー運転手や送迎ドライバーなどに転職することもできます。

プログラマー

めやす時給
1,600円

どんな仕事？

システムエンジニアの設計に基づき、コンピュータのプログラム言語を使ってプログラムを作成していく仕事です。活躍分野は広く、プロジェクトチームで一つのシステムをテストや評価を繰り返して完成させていきます。メーカーやゲーム業界では需要が多くあります。

あると有利なスキル

- **プログラム言語の知識**
- **集中力**
- **スケジュール調整力**
- **ITに関する資格**
  （情報処理技術者試験/C言語プログラミング能力認定試験）

キャリアアップ

Web・サーバー・アプリの開発など、分野によってプログラム言語は異なるので、複数使いこなせると幅広く活躍できるでしょう。プログラムのスペシャリストを目指すほか、顧客にあわせて提案できる力やマネジメント力を磨き、システムエンジニアやITコンサルタントとして働くこともできます。

システムエンジニア

めやす時給
2,000円

どんな仕事？

ソフトウェア開発会社や企業のシステム部門において、顧客から依頼を受けてコンピュータシステムの設計をする仕事です。セキュリティシステムやアプリケーション・ゲームなど、幅広い分野で活躍します。顧客やさまざまな人と関わるのでコミュニケーション力が必要です。

あると有利なスキル

- **コミュニケーション力**
- **分析力**
- **論理的に考える力**
- **体力**
- **IT 関連の資格**
  （情報処理技術者試験 /MCP/オラクルマスター）

キャリアアップ

コンピュータに関するさまざまな知識やスキルが磨かれます。企業の経営課題を解決する提案ができると、コンサルタントとしても活躍できます。色々なシステム設計の仕事を経験することでスキルアップできる職種です。自分の好きな分野を早く見極め、分野に特化したスキルを身につけると良いでしょう。

運用管理・保守

めやす時給
1,700円

どんな仕事？

稼働しているシステム・ネットワーク・サーバーなどの監視やメンテナンスを行う仕事です。かかっている負荷を取り除き、安全で安定したシステム運用の技術を実践的に身につけることができます。将来システムエンジニアを目指す人は経験しておくべき職種といえます。

あると有利なスキル

- **分析力**
- **集中力**
- **システムに関する資格**
（情報処理技術者試験 / シスコ技術者認定 /CIW）
- **忍耐力**

キャリアアップ

システムのバージョンアップが頻繁にあるので、そのつど新しくなったシステムの勉強が必要になり、実務経験を通してスキルアップができます。先輩エンジニアのサポートをしながら、システムやネットワーク全般に関するスキルを身につけることで、管理職だけではなくコンサルタントの道も開けます。

テスト・評価

未経験歓迎度	3ヶ月	求人数	昇給チャンス	めやす時給
				1,500円

どんな仕事？

システム・ハードウエア・ソフトウェアなどが設計通り動いているかどうかのテストと評価をする仕事です。システムの全体がわかるのでIT業界の仕事に興味がある人は最初に経験しておくべき仕事です。製品の品質を高めていくうえで、テスト・評価は欠かせない仕事です。

あると有利なスキル

- 分析力
- 集中力
- IT関連の資格
（情報処理技術者試験／情報セキュリティ検定試験）
- 忍耐力

キャリアアップ

システムのバージョンアップが頻繁にあるので、実務でスキルを磨くことに加えソフトウェア開発技術者試験などを受け資格を取得していくことでキャリアップが可能になるでしょう。テストエンジニアとして専門性を磨くほか、プログラマーやカスタマーサポートなどIT業界で幅広い職種に挑戦可能です。

ネットワークエンジニア

めやす時給
1,800円

どんな仕事？

情報通信をあつかう企業において、顧客から依頼を受けネットワークシステムの構築・運用・保守・プログラミングなどを行う仕事です。具体的には、サービスを提供する環境やそこで動作するサービスの特性を理解し、ケーブルやハードウェアを設置し通信環境を整えます。

あると有利なスキル

- **論理的に考える力**
- **分析力**
- **集中力**
- **ネットワーク関連の資格**
  (Linux技術者認定試験/MCP/シスコ技術者認定/情報処理技術者試験)

キャリアアップ

システム全般に関するスキルが養われ、システムエンジニアなどへのキャリアアップが目指せます。今後はクラウド化に対応する技術を身につけると良いでしょう。未経験者はサポートから始め、実務をこなしながら資格を取得するのが早いキャリアアップのコツになります。人手不足でニーズの多い職種です。

Web デザイナー

めやす時給
1,500円

どんな仕事？

クライアントの要望に応じてホームページのデザインをし、デザインにしたがって画像加工を施したりHTMLやCSS言語を使ってWEBサイトをつくる仕事です。顧客を獲得するための効果的なデザインを考え、動画を含んだ複雑なWEBサイトづくりなどの幅広い業務があります。

あると有利なスキル

- **コミュニケーション力**
- **画像加工ソフトの使用経験**
- **企画力**
- **提案力**
- **デザイン力**
- **WEBデザインの資格**

キャリアアップ

未経験でも画像加工ソフトが使えるとアシスタントで働ける場合があります。効果的なWEBサイトをつくるノウハウや、顧客のニーズをくみとる力が身につきます。マネジメント力やコンサルティング力を磨いてWEBディレクター、技術面を磨いてフロントエンドエンジニアになることも可能です。

Web ディレクター

めやす時給
1,700円

どんな仕事？

クライアントの要望に応じてコンテンツの仕様や運営を考え予定や予算管理、制作チームのマネジメントなどを行う仕事です。ホームページからアプリケーション制作までのさまざまなＷＥＢ知識と経験が必要なうえ、問題点を見つけ出し適切な提案ができる力が必要とされます。

あると有利なスキル

- **コミュニケーション力**
- **企画力**
- **情報収集力**
- **画像加工ソフトの使用経験**
- **HTML や CSS などの言語理解**
- **マーケティングの知識**

キャリアアップ

WEB デザイナーから経験を積むことからはじめて、マネジメントスキルや分析力を身につけましょう。変化が多い業界なので、常にトレンドや新しい技術を常に身につけていくことがキャリアアップにつながります。コンサルティングができるようになると WEB プロデューサーを目指すという道も開けます。

制作・編集・校正

めやす時給
1,500円

クリエイティブの仕事

どんな仕事？

出版社や編集プロダクションなどにおいて、出版物やパンフレットなどをつくるディレクションをする仕事です。具体的には、企画・原稿依頼・取材・編集・デザイン依頼・誤字脱字チェック（校正）・印刷の手配など、出版物が完成するまでのさまざまな業務に関わります。

あると有利なスキル

- コミュニケーション力
- 企画力
- 言語の知識
- スケジュール調整力
- DTP ソフトの使用経験
- 忍耐力

キャリアアップ

未経験者の場合は、自分の得意分野で作りたい本の企画を考え、アピールしてまずは業界に入りましょう。世の中の動きに敏感になり、出版物の制作・編集のスキルやスケジュール調整力が養われます。編集者からライターに転身する人もおり、広告や宣伝、企画やマーケティングの分野でも活躍ができます。

DTPオペレーター

めやす時給
1,500円

どんな仕事？

制作会社や印刷会社において、デザイナーの作ったレイアウトにしたがって印刷物にする紙面データをパソコンでつくっていく仕事です。写真や画像データの加工が必要な場合もあり、基本的なパソコン操作に加えDTPソフトを自由に使いこなせる必要があります。

あると有利なスキル

- **DTPスキル**
- **基本的なPCスキル**
- **正確性**
- **ブラインドタッチ**
- **DTPエキスパート**
- **忍耐力**

キャリアアップ

近年はDTPデータをWEB用に使うことも多く、紙媒体とWEBメディアのどちらにも対応できる人材が求められます。実務経験を通して、完成のかたちを予測しながらパソコンで作業できる能力が養われます。デザインのスキルを身につけることで、デザイナーにキャリアチェンジすることもできます。

おわりに

最後までお読みいただいて、ありがとうございました。

「自分が悩んでいる問題を解決する手段は、派遣という働きかたかもしれない」

そう感じていただけたならばうれしいです。


みなさまを受け入れてくださる派遣先企業の方々も、みなさまの力を必要としています。単なる働き手としてではなく、新しい風を吹き込む仲間として、貴重なスキルをもつ大切な人材として、なかには第1章で紹介したような将来の幹部候補や後継者候補との出会いの場として期待されている会社もあります。現在の派遣は、企業にとっても有効な採用戦略の一環として位置づけられています。

派遣を通じて、自分ぴったりの仕事に出会っていただけることをお祈りしています。

派遣社員という働きかたや派遣社員として活躍している人の実際については、まだまだ十分な理解が進んでいないかもしれません。そのため、実態を踏まえない議論や報道が一部で起きているのは残念なことです。

「はじめに」でも述べましたが、「派遣」という選択肢は、あなたの悩みのかなりの部分を解決してしまうばかりか、社会全体が抱えている悩みのかなりの部分も解決してしまう強力な選択肢です。

産業構造の変化や景気変動の激しい時代では、既存の制度や枠組みだけでは、十分に満足できなかったり、受け止めきれない方々も出てきます。そうした時代においても、雇用の受け皿として、職業訓練機関として、さらには働く人の待遇向上や就労環境の改善推進役として、「雇用不安なき成長社会」の実現に向け、社会的な役割を果たしている派遣会社もたくさんあります。そうした実際に焦点があてられた議論や報道がもっと増えていけば、社会全体もさらによくなっていくような気がします。

最後に感謝の言葉を。この本の出版をプロデュースいただいた城村典子さん。ともすれば、あれもこれも、と詰め込もうとする私を導いて、テーマを絞って編集いただいた総合法令出版の田所陽一さんと中川奈津さん、ライターの成田真理さん。おかげさまで、たいへん読みやすい本にすることができました。それから第1章の事例に登場していただいたみなさまをはじめ、当社に登録され就業されている大勢のみなさまと、受け入れていただいている派遣先企業のみなさま。みなさまがいなければ、派遣を通じて夢をかなえることができた人も、この本も生まれることはありませんでした。ありがとうございます。そして、ここまで読み進めていただいた読者のみなさま、本当にありがとうございました。

この本を通して、派遣の魅力と可能性について、そして、派遣社員として働くことへのご理解とご興味をもっていただきましたら幸いです。

2016年2月吉日

大崎玄長

【著者紹介】

大崎玄長（おおさき・もとなが）

株式会社エヌエフエー 代表取締役

1973年大阪府生まれ。中央大学卒業後、大手経営コンサルティング会社勤務、独立コンサルタントを経て、2006年東京都大田区にて地域密着型派遣会社 株式会社エヌエフエーを設立。設立以来、400社を超える取引企業と累計1万人を超える応募者や派遣社員のサポートに従事する中、派遣の魅力と無限の可能性に気づき、派遣社員こそ安定した働きかたでこれからの勝ち組であることを確信する。近年は「失業ゼロ社会の実現」を目指して「地元のお仕事紹介サイト『ハロ！　わくおさん』」を運営しつつ、「雇用不安なき成長社会の実現」を目指した新しい働きかたの仕組み「日本版PEO（Professional Employer Organization　習熟人材雇用組織）」の確立に努めている。中小企業診断士、社会保険労務士試験合格者、第一種衛生管理者、ジョブカード作成アドバイザーでもある。趣味は温泉＆銭湯めぐり、温泉ソムリエ協会より温泉ソムリエの認定も受けている。

◆地元のお仕事紹介サイト「ハロ！　わくおさん」
http://www.860903.jp/
TEL　0120-86-0903

◆株式会社エヌエフエー公式サイト
http://www.nfa-g.com/

やりたいことを仕事にするなら、
派遣社員をやりなさい！

2016年3月7日　初版発行

著　者　大崎玄長
発行者　野村直克
発行所　総合法令出版株式会社
〒103-0001 東京都中央区日本橋小伝馬町15-18
ユニゾ小伝馬町ビル9階
電話 03-5623-5121

印刷・製本　中央精版印刷株式会社

落丁・乱丁本はお取替えいたします。

ISBN 978-4-86280-490-7

総合法令出版ホームページ　http://www.horei.com/